Volker Losch

# Postlabernd

## Werbung beim Wort genommen

Satirische Briefe an die Stützen unserer Wirtschaft

Bleicher Verlag

*Für Mama, Papa, Ira*

Die Deutsche Bibliothek – CIP Einheitsaufnahme

Postlabernd : Werbung beim Wort genommen und weitere
Narreteien / Volker Losch. – 1. Aufl. – Gerlingen : Bleicher 1996
ISBN 3-88350-353-3
NE: Losch, Volker


Umschlag: Buchgestaltung Reichert, Stuttgart, unter Verwendung
eines Fotos von Tim Davis © Tony Stone Bilderwelten
Herstellung: MZ-Verlagsdruckerei GmbH, Memmingen
ISBN 3-88350-353-3

# An den geneigten Leser!

Saßest Du nicht auch schon oft vor dem Fernseher, einen spannenden Spielfilm betrachtend, welcher alle Deine Sinne in höchste Erregung versetzte? Verwandelte sich diese angenehme Erregung nach dem unterbrechenden Trailer, der die folgende Werbephase ankündigte, nicht auch in ein unangenehmes Gefühl von leiser Wut? Steigerte sich Deine Wut ob der unpassenden Spielfilmunterbrechung noch um einige Stufen, wenn Du einen gar wundersam verknoteten Löffel über einer Fertigsuppe schweben sahst? Oder explodierte Dein erhitztes Gemüt erst bei dem anschließenden Versuch einer Zahnarztfrau, ihre vermeintliche Kompetenz für weiße Zähne zu artikulieren?
Nun, genau so erging es mir auch des öfteren, so daß ich mich entschloß, doch einmal bei den Verantwortlichen dieser Werbespots nach dem Sinn und Unsinn ihrer Warengebenedeiungen zu fragen.
Klar, daß dabei nicht nur lustige und informative Antworten in meinem gierig schlingenden Briefkasten eintrafen. Im Zuge der stetig anwachsenden Korrespondenzwünsche meinerseits erwuchsen noch viele weitere Postlabereien mit dumm-naiven Fragen an eine Vielzahl von Unternehmen und Einrichtungen. Dergestalt mußten einige Inserenten auf ungewöhnliche Fragen hinsichtlich ihrer gewerblichen Anzeige reagieren, und sahen sich Unternehmen mit völlig befremdlichen Wünschen oder Problemen bezüglich ihrer Produkte oder Dienstleistungen konfrontiert.

Eine große Auswahl dieser Brief-rund-Umschläge findest Du, o geneigter Leser, auf den nun folgenden mehr als 150 Seiten. Bei der Lektüre dieser ungewöhnlichen Korrespondenz wünsche ich Dir genausoviel Spaß, wie ich ihn beim Schreiben meiner Briefe und beim Erleben der unterschiedlichsten Reaktionen bereits hatte. Wohlan!

Göttingen, den 8.1.1996

Absender:
Volker Losch - An der Tränke 10 - 37079 Göttingen

An
Red Bull Tradinge Ges. m. b. H.
Alpenstraße 54

**A- 5020 Salzburg**

Sehr geehrte Damen und Herren,

in ca. einem Monat möchten wir unseren fünfjährigen Zwillingen Heinz und Hermann das Schwimmen beibringen. Da wir uns finanziell keinen Schwimmkursus leisten können, werde ich als Vater selber die schwierige Ausbildung in die Hand nehmen. Jetzt hat mir ein Freund davon berichtet, daß Sie als Vertreiber des Getränkes "Red Bull" in Ihrem Werbespot eine Dienstleistung anbieten, die wie geschaffen für die Ansprüche meiner Familie ist: "Red Bull verleiht Flügel!"

Also habe ich mir gedacht, daß ich Sie heute mal auf diese Dienstleistung anspreche, denn anstatt Schwimmflügel für unsere beiden kleinen Söhne zu kaufen, würden wir uns gerne zwei Paar dieser Flügel bei Ihnen ausleihen. Wie teuer wäre es wohl, die Schwimmflügel für ca. 2 Monate auszuleihen? Oder hängt die Gebühr von der Art der Flügel ab? Möglicherweise können Sie mir auch eine spezielle Schwimmflügelart empfehlen, denn ich habe noch keinerlei Erfahrung mit derartigen Schwimmhilfen.

Die Tochter meines Schwagers möchte demnächst Klavierstunden nehmen, so daß ich in seinem Auftrage schon mal anfragen soll, wie hoch die Ausleihgebühren für einen Konzertflügel sind? Denn falls seine Tochter dann nach ein paar Klavierstunden doch keine Lust auf diesen Musikunterricht mehr haben sollte, hätte sich die Anschaffung eines Flügels überhaupt nicht gelohnt, so daß ein Leih-Flügel wohl die optimale Lösung wäre.

Mein Opa hingegen ist nun in den wohlverdienten Ruhestand getreten: Jetzt möchte er wieder sein ehemaliges Hobby aufgreifen und sich in seiner Freizeit ganz der Hühnerzucht widmen. Bevor er allerdings eigenes Geflügel anschaffen wird, möchte er seine Fähigkeiten an geliehenem Geflügel ausprobieren, damit er dann entscheiden kann, ob dieses Hobby noch seinen Reiz auf ihn ausübt. Was würde es also kosten, ein bißchen Ge-Flügel bei Ihnen auszuleihen?

Sie sehen, daß wir Ihre Dienstleistungen sehr gerne nutzen würden, allerdings sind noch einige Fragen offen, die ich zuvor noch von Ihnen beantwortet hätte. Deshalb verbleibe ich voller Vorfreude auf Ihre alles klärende Antwort und bedanke mich schon jetzt für Ihre Bemühungen.

Mit freundlichen und bisher noch flügellosen Grüßen

**Red Bull Trading Ges.m.b.H.**
ALPENSTRASSE 54 · 5020 SALZBURG
p.A. BRUNN 115 · 5330 FUSCHL
TEL. 06226/700 · FAX 06226/705

Herrn
Volker Losch
An der Tränke 10
D-37079 Göttingen

Fuschl, 25. Januar 1996
cp

**RED BULL verleiht FLÜÜÜÜGEL!**

Lieber flügelloser Volker,

mit Schwimmflügel, Konzertflügel und sonstigem Ge-Flügel können wir leider nicht dienen.

Um aber einen gestreßten Familienvater wieder topfit zu machen, haben wir genau die richtigen Flügel für Sie und schlagen vor, daß Sie sich in Zeiten erhöhter geistiger oder körperlicher Anstrengung eine Dose genehmigen.

Bitte lassen Sie uns wissen, wann die ersten Flügel wachsen.

Mit besten Bullengrüßen

Claudia Parhammer

Anlage: 6 Flügel, Aufkleber

SITZ DER GESELLSCHAFT: 5033 SALZBURG, FIRMENBUCHNUMMER: HRB 56247, LANDESGERICHT SALZBURG
BANKVERBINDUNG: BANKHAUS CARL SPÄNGLER & CO., SALZBURG (BLZ 19530) KTO. 100-171763
ID-NR.: ATU33864707

Göttingen, den 22.2.1995

Absender:
Volker Losch - An der Tränke 10 - 37079 Göttingen

An
Beiersdorf
Unnastraße 48

**D-20245 Hamburg**

Sehr geehrte Damen und Herren,

hiermit teile ich Ihnen mit, daß ich ein jahrelanges Forschungsprojekt zu Ende führen konnte: Es ist mir gelungen, Ihr Rätsel des Produktes "8x4" zu lösen!!!

Die Lösung: 32

Diese banale Antwortet kostete mich viel Überlegung und Programmierarbeit an meinem Computer, wobei ich diese aber gerne auf mich nahm, da ich diese Produkte aus Ihrem Hause sehr gerne benutze und von dessen Qualitäten überzeugt bin.

Sie können sich sicher vorstellen, daß nur ein echter Fan sich an die Lösung dieses haarsträubenden Problemes wagen konnte, so daß ich mich über die Entlohnung meiner Mühen in Form von Werbe- oder Fanartikel sehr freuen würde.

Für eine Stellungnahme meines Lösungsvorschlages und dessen besondere Bedeutung in der heutigen Forschung wäre ich Ihnen sehr dankbar, so daß ich in freudiger Erwartung auf Ihre Antwort verbleibe und mich für Ihre Bemühungen schon jetzt bedanke.

Mit freundlichen Grüßen

**BDF●●●●**
**Beiersdorf AG**

Beiersdorf AG, Postadresse: D-20245 Hamburg

Hausadresse:
Unnastraße 48, 20253 Hamburg

Telefon (040) 5 69-0
Telefax Gr. 3 (040) 5 69 34 34
Telegramme Beiersdorf Hamburg

Herrn
Volker Losch
An der Tränke 10

37079 Göttingen

| Ihre Zeichen/Ihr Schreiben vom | Unsere Zeichen | Telefon-Durchwahl | Telefax-Durchwahl | Datum |
|---|---|---|---|---|
| | 4672 Cz | -4159 | | 02.03.95 |

Sehr geehrter Herr Losch,

wir danken Ihnen für Ihre Post vom 22.02.95 und für Ihr Interesse, das Sie an unserem Produkt 8 x 4 haben.

Ein Lob für Ihre lange Forschungsarbeit. Nicht jeder Kunde oder Fan, wie Sie schreiben, macht sich soviel Mühe. Trotzdem ist Ihre herausgefundene Lösung **32** nur eine Teillösung. Die Entstehungsgeschichte des Namens ist folgende:

**DEO 8 x 4 ● BUCHSTABENSALAT**

Auch wenn es so aussieht – der Name 8 x 4 wurde nicht aus einem Lostopf gezogen. Die Firma Beiersdorf hatte einem Schweizer Parfüm-Hersteller eine neue Substanz abgekauft, die eine desodorierende Wirkung besaß. Ihre korrekte Bezeichnung lautet Hexachlordihydroxydephenylmethan, eine Formel mit 32 Buchstaben. Um die Verständigung zu erleichtern, hieß der Stoff intern B 32. Dem damaligen Werbeleiter Juan Clausen war der Codename viel zu langweilig, aber die Zahl faszinierte ihn. So kam er schließlich auf den Namen 8 x 4.
Im Februar 1951 brachte die Firma Beiersdorf, nach vorheriger Eintragung des Warenzeichens, 8 x 4 als erste desodorierende Seife in Europa auf den Markt.

Mit freundlichen Grüßen
Beiersdorf AG
Geschäftsbereich cosmed
Produktmanagement

G. Czekalla
G. Czekalla

Anlage: 1x Seife 8x4 for men
1x 8x4 plus mit Depot-Effekt

Registergericht
Hamburg HRB 1787

bbn 40 05800 9

Vorstand: Dr. Rolf Kunisch, Vorsitzender,
Hans H. Meyer-Burgdorf, Dr. Werner Opgenoorth,
Dr. Peter Schäfer, Dieter Steinmeyer, Uwe Wölfer,
Vorsitzender des Aufsichtsrats: Dr. Wolfgang Schieren.

Dresdner Bank AG Hamburg (BLZ 200 800 00), Nr. 431 083 400
Deutsche Bank AG Hamburg (BLZ 200 700 00), Nr. 0 117 283
Landeszentralbank Hamburg (BLZ 200 000 00), Nr. 20 007 341
Postbank Hamburg (BLZ 200 100 20), Nr. 43 203

Form 15 003 10.94

Göttingen, den 12.4.1995

Absender:
Volker Losch - An der Tränke 10 - 37079 Göttingen

An
Deutscher Taschenbuch Verlag
GmbH & Co. KG.
Friedrichstraße 1a

**D- 80801 München**

Sehr geehrte Damen und Herren,

schon seit einiger Zeit bin ich verzweifelt auf der Suche nach einem kürzlich erworbenen Buch Ihres Verlages; es handelt sich dabei um das Werk "Jeder zahlt drauf" von Charles Bukowski. Ich weiß genau, daß ich mir dieses Buch vor ca. einer Woche kaufte, doch als ich es während einer ruhigen Stunde lesen wollte, konnte ich es beim besten Willen nicht mehr wiederfinden: ich muß es verlegt haben! Ich habe schon alles untersucht und auch versucht: Möbelrücken, alle Schubladen ausgeräumt, ein Inserat unter "Verloren und Gefunden" aufgegeben und sogar einen Finderlohn ausgesetzt – alle Bemühungen waren von keinem Erfolg gekrönt, das Buch blieb verlegt. Oder wurde der Kauf dieses interessanten Buches dem Titel angepasst, und ich muß durch einen Neuerwerb noch "draufzahlen"?

Deshalb wende ich mich heute an professionelle Verleger, die allein schon aus beruflichen Gründen perfekt für die Lösung meines Problems prädestiniert sind. Sie scheinen ja des öfteren Bücher zu verlegen, da Sie sich schon zu einem Verlag zusammengeschlossen haben; deshalb möchte ich Sie heute fragen, wie ich denn nun das von mir verlegte Buch wieder zurückbekommen könnte? Was sind Ihre Erfahrungen bezüglich verlegter Bücher? Gibt es noch Hoffnung für mich? Der Inhalt des Werkes interessiert mich wirklich sehr, doch leider ist es mir bis heute nicht vergönnt, diese Wißbegier zu stillen.

Da dieses Buch in Ihrem Hause sehr häufig verlegt wird, ist es doch vielleicht möglich, daß sich einige Exemplare in Ihrem Besitz befinden, die von den ursprünglichen Besitzern nicht abgeholt werden. Deshalb trete ich heute mit der Bitte an Sie heran, mir doch eines von den zurückgebliebenen Exemplaren zuzusenden, damit ich endlich in den Genuß des Werkes kommen kann.

Voller Hoffnung auf Ihre Hilfe möchte ich mich schon jetzt für Ihre Bemühungen bedanken und verbleibe mit freundlichen Grüßen

Deutscher
Taschenbuch Verlag
GmbH & Co. KG

Friedrichstraße 1a
80801 München

Postfach 400422
80704 München

Telefon (089) 381706-(0)
Telefax (089) 346428
Telex 5215396

Herrn
Volker Losch
An der Tränke 10

37079 Göttingen

Lektorat
Belletristik

20. April 1995
B/ks

dtv 11991
Charles Bukowski: Jeder zahlt drauf

Sehr geehrter Herr Losch,

es ist ganz einfach, Sie gehen in die nächste Buchhandlung, die dann das gewünschte Buch für Sie bestellt, ja, wirklich, glauben Sie mir, das funktioniert.

Ja, ja, Sie haben recht, es befinden sich **einige** Exemplare dieses Buches in unserem Besitz, um genau zu sein, sogar so viele, daß wir sie verkaufen. Irgendwie müssen Sie das mit dem Verlegen und dem Verleger durcheinandergebracht haben. Doch nix für ungut und viel Spaß bei der Lektüre!

Mit freundlichen Grüßen
Ihr
DEUTSCHER TASCHENBUCH VERLAG

Konstanze Spies

Anlage

Kommanditgesellschaft, Sitz München, Registergericht München HRA 163 11, persönlich haftender Gesellschafter:
Deutscher Taschenbuch Verlag GmbH, Sitz München, Registergericht München HRB 5 188, Geschäftsführer Dr. Wolfram Göbel und Dr. Rüdiger Salat
Umsatzsteuer-Identifikationsnummer: DE 1297 3863 7

Hypo-Bank, München 6 060 337 002 BLZ 700 200 01 Deutsche Bank, München, 16/23743 BLZ 700 700 10
Bankhaus Reuschel, München 1 034 765 BLZ 700 303 00 Postbank: München 1163 00-806 BLZ 700 100 80

Göttingen, den 27.7.1995

Absender:
Volker Losch - An der Tränke 10 - 37079 Göttingen

An
Colgate Palmolive
Liebigstraße 2 - 12

**D- 22113 Hamburg**

Sehr geehrte Damen und Herren,

schon vor längerer Zeit beeindruckte mich Ihre Fernsehwerbung enorm, denn der Biber, der mit seinen Zähnen einen dicken Ast mühelos durchbeißt und danach die Gesundheit seiner Zähne allein der Pflegewirkung Ihrer "Colgate Dentagard" zuspricht, ist für mich ungeheuer erstaunlich. Also was lag näher, als sogleich einige Tuben dieser Zahnpasta zu erwerben und auch zu benutzen?

Geschmacklich gefällt sie mir außerordentlich gut, und auch Ihre stärkende Wirkung auf meine Zähne fiel mir gleich von Beginn an auf. Endlich konnte ich wieder problemlos feste Speisen zu mir nehmen, ohne diese zuvor mit einem Messer zerkleinern zu müssen. Ich war richtig glücklich, bis eines Tages meine Frau feststellte, daß meine Schneidezähne größer zu werden schienen. Der Badezimmerspiegel bestätigte die Aussage meiner Frau: Auffällig schoben sich die vorderen Beißerchen immer mehr in den Vordergrund, und schon bald waren sie so groß, daß ich nun ständig auf meine Unterlippe beiße.

Nicht nur, daß ich dem Biber rein optisch immer ähnlicher werde, nein, auch meine Lebens- und Essgewohnheiten passen sich denen eines Nagers immer mehr an. Zuerst begann ich mit hartem Gemüse wie Möhren und Kohlrabi, aber heute gehe ich schon dazu über, daß mir meine Frau zum Frühstück zarte Äste reicht, dessen Rinden ich genüßlich abnage. In der Badewanne baue ich mir schon kleine Dämme aus Holz, Schlamm und Steinen, unter denen ich mich dann verstecke, sobald meine Frau ins Bad kommt. Manchmal erwischt sie mich auch nachts in unserem Garten, wenn ich unsere Obstbäume annage und dadurch fälle. Zwar sind diese Veränderungen meines Äußeren und meines Verhaltens bisher die einzig auffälligen, doch Sie können sich meine Sorgen und die meiner Frau sicher gut vorstellen. Zum Glück bekomme ich noch kein Fell, Schwimmhäute an den Hinterfüßen oder einen platten beschuppten Schwanz. Dann wäre der Biber Volker nämlich perfekt!

Deshalb möchte ich Sie als Hersteller dieser gefährlichen Zahnpasta konkret um Hilfe bitten: Wie kann ich meine Bibermutation aufhalten und wieder ein ganz normaler Mensch werden? Ist das überhaupt noch möglich, oder ist die Verwandlung schon zu weit fortgeschritten? Sie sind meine letzte Hoffnung, so daß ich voller Freude Ihrer Antwort entgegenblicke und mich schon jetzt für Ihre Bemühungen bedanke.

Mit freundlichen und nagenden Grüßen

COLGATE-PALMOLIVE GMBH

Liebigstraße 2-20, 22113 Hamburg,
Postfach 74 02 60, 22092 Hamburg.
HH-Billbrook Anschlußgleis · bbn 40112008

Telefon (040) 73 19-0
Telex 2 14158 cp hg d
Telefax (040) 73 19 - 2498, Telegramme Palmolive.

21 September, 1995

Herrn
Volker Losch
An der Tränke 10

37079 Göttingen

Betreff: Dentagard Zahncreme

Sehr geehrter Herr Losch,

vielen Dank für Ihren Brief.

Viel zu spät, aber Ihr Brief war auch viel unterwegs innerhalb der Firma - und auf einmal wußte keiner mehr so recht, wo ist er geblieben.

Wir bedanken uns für diesen originellen und lieben Brief und hoffen natürlich, daß in der letzten Zeit keine unangenehmen Eigenschaften des Bibers aufgetreten sind.

Wir haben beschloßen den Biber zu füttern in der Hoffnung, wieder etwas von "Ihm" zu hören.

Mit freundlichen Grüßen

R. Schaumann

Rolf Schaumann
Colgate-Palmolive GmbH
- Consumer Affairs -

RS/cl

0006591A

Göttingen, den 14.4.1995

Absender:
Volker Losch - An der Tränke 10 - 37079 Göttingen

An
Queisser Pharma GmbH & Co
Postfach 24 56

**D- 24914 Flensburg**

Sehr geehrte Damen und Herren,

heute wende ich mich an Ihr Unternehmen, weil Sie meiner Meinung nach der einzige Hersteller der von mir nachgefragten Produkte sind. Doch zuerst einmal zur Vorgeschichte:

Seit ca. drei Wochen befindet sich mein dritter Sohn im Gefängnis und verbüßt dort eine Haftstrafe. Auf die Gründe möchte ich nicht weiter eingehen, denn mein Sohn ist ein ehrlicher junger Mensch, der nur aufgrund der schlechten Gesellschaft seiner neuen 'Freunde' auf derartige Abwege und somit auf die schiefe Bahn kommen konnte. Er legt sehr viel wert auf sein Äußeres und seine gepflegte Erscheinung, so daß er unter den Umständen seiner Haftbedingungen kaum Möglichkeiten sieht, eine angemessene körperliche Pflege durchführen zu können.

Deshalb möchte ich Sie mit diesen Zeilen bitten, mir einige Informationen oder Proben Ihrer speziellen Gefängniskosmetik wie Haftcreme oder Haftpulver zukommen zu lassen, damit ich meinem Sohn wenigstens bei der körperlichen Hygiene zur Seite stehen kann.

Deshalb verbleibe ich in freudiger Erwartung Ihrer hoffentlich haftunterstützenden Hilfe und bedanke mich schon jetzt für Ihre Bemühungen.

Mit freundlichen und haftenden Grüßen

Queisser
PHARMA

Queisser Pharma GmbH & Co., Postfach 24 56, 24914 Flensburg

Herrn
Volker Losch
An der Tränke 10

37079 Göttingen

Flensburg, den 27.10.1995
unser Zeichen: hn/bp
Durchwahl: - 73
Telefax: 04 61 / 99 96 - 70

**Protefix Haftmittel**

Sehr geehrter Herr Losch,

als erstes möchten wir uns für Ihr Schreiben bedanken und unser Mitgefühl bezüglich Ihres auf Abwege geratenen dritten Sohnes ausdrücken. Auch wenn Sie nicht der einzige sind, der große Schwierigkeiten mit seinem „Dritten" hat, ist es sicherlich schwer, ein Mitglied aus dem engeren familiären Kreis, in den man Vertrauen und Liebe gesteckt hat, auf diese Art und Weise zu verlieren.

Da Sie selbst sich aber wahrscheinlich mehr als genug mit Gedanken an diese Situation befaßt haben, wollen wir Sie jetzt verschonen und vielmehr versuchen, Ihrem Sohn das Leben in der doch recht anderen Welt etwas angenehmer zu gestalten, indem wir Ihnen heute verschiedenste Produkte unserer reichhaltigen Angebotspalette zusenden.

Nach Rücksprache mit unserer Rechtsabteilung können wir Ihnen mitteilen, daß die Voraussetzung zur U-Haft nur dann vorliegt, wenn auch entsprechende Haftgründe erfüllt worden sind ( siehe § 112 StPO). Diese Gründe müssen beispielsweise sauber und staubfrei sein und ein nach außen sehr hygienisches Bild darstellen.
Da Ihr „Dritter" diese Gründe wohl bei seiner Festnahme erfüllt hat, möchten wir Ihnen jetzt unseren Protefix Aktiv-Reiniger schicken, der ihn trotz der heutigen Umstände sicher schnell wieder gepflegt und sauber aussehen läßt. Im übrigen hilft der Reiniger, Mundgeruch zu vermeiden, was ihm sicher seine Kamaraden in den engen Zellen danken werden.

Ist der Haftgrund nun wieder in einen erfreulich guten Zustand gebracht worden, lassen sich weiterfolgend unsere Haftmittel, Protefix Haft-Pulver, Protefix Haft-Polster und die seit Jahren unter Bewährung stehende Protefix Haft-Creme verwenden. Jedes ist auf seine Art ein sehr beliebtes und oft angewandtes Mittel.

Unser Haft-Pulver wurde beispielsweise schon von Hänsel und Gretel benutzt, die damit versuchten, sich den Weg aus dem dunklen Wald zu bahnen. Unter der Voraussetzung, daß es in der näheren

Schleswiger Straße 74 · 24941 Flensburg · Telefon 04 61 / 99 96-0 · Telex 2 2 870
Amtsgericht Flensburg HRA 2931 · Komplementärin: Queisser Verwaltungs GmbH Flensburg HRB 581 · Geschäftsführer: Henning Schumacher, Gert Bendixen
Vereins- und Westbank AG, Flensburg (BLZ 215 300 80) 81 18 18 18 · Deutsche Bank AG, Flensburg (BLZ 215 700 11) 4350 005

Umgebung des Gefängnisses nicht zu viele hungrige Vögel gibt, könnte dieses Mittel vielleicht auch Ihrem Sohn gute Dienste erweisen.

Auch die Haft-Polster sind ein zuverlässiges Produkt, was die Beendigung von Haft-Problemen anbelangt. Sie sind relativ fest und haben ungefähr die Dicke einer Scheckkarte. Die genaue Anwendung entnehmen Sie bitte dem beiliegenden kleinen Ratgeber, der viele Tips und Tricks zur Behebung von schlechten Haftbedingungen enthält.

Sollte Ihren „Dritten" noch immer nichts halten, empfehlen wir ihm, doch einmal die Protefix Haft-Creme auszuprobieren. Rechtskräftig aufgetragen haftet selbst der stärkste Gefängniswärter an ihr und so ebnet sich ein Weg, zu einem unbeschwerten und sorgenfreien Leben - ein Weg, den nur Protefix Ihnen bieten kann!

Wir denken, daß auch Ihr Sohn in unserem Sortiment ein Produkt findet, das ihn die alten Haft-Probleme schnell vergessen läßt.

In der Hoffnung, Ihnen und Ihrem Sohn mit unserem Schreiben ein wenig geholfen zu haben, verbleiben wir

mit freiheitlichen Grüßen

Ihr Protefix-Beratungsteam

i.V. Helmut Nissen　　　　i.A. Britta Pecher

Anlage:
1 Probier-Set

Schleswiger Straße 74 · 24941 Flensburg · Telefon 04 61 / 99 96-0 · Telex 2 2 870
Amtsgericht Flensburg HRA 2931 · Komplementärin: Queisser Verwaltungs GmbH Flensburg HRB 581 · Geschäftsführer: Henning Schumacher, Gert Bendixen
Vereins- und Westbank AG, Flensburg (BLZ 215 300 80) 81 18 18 18 · Deutsche Bank AG, Flensburg (BLZ 215 700 11) 4350 005

Göttingen, den 28.3.1996

Absender:
Ira Goosmann - An der Tränke 10 - 37079 Göttingen

An
Suchard Tobler Vertriebs GmbH
- Kundenberatung -

**D- 28078 Bremen**

Betr.: Die Farbe Lila

Sehr geehrte Damen und Herren,

von meiner Schwester in den USA bekamen wir die telefonische Nachricht, daß ihr Mann nach einem Urlaub in den Bergen momentan eine klitzekleine psychische Instabilität durchlebt.

Seine tragische Geschichte begann während eines zufälligen Besuchs in der Polizeidienststelle des hiesigen Berggeländes, als ein Beamter das Reiseandenken meines Schwagers - einen lila Schmunzel-Hasen - beschlagnahmte, um diesen dann einem kleinen Bengel zu überreichen, weil dieser selbst wohl nicht imstande war, seinen Schokohasen im osterlichen Garten zu finden. Den ersten lila Schock relativ schnell überwunden, begab er sich hinauf zu einem Gipfel und traute seinen Augen nicht: vor ihm stand eine lila Kuh! Blitzartig erlebten die an braune Rinder gewöhnten Augen des ehemaligen Cowboys einen kräftigen Abrieb durch zwei angewinkelte Zeigefinger und ein mehrmaliges, ungläubiges Auf- und Niederklappen der Lider, doch dann war die seltsame Kuhmutation auch schon Fata-Morgana-gleich verschwunden.

Leicht irritiert auf dem Gipfel angekommen, erblickte unser Schwager einen älteren Herrn mit schlohweißem Haar und langem Bart: "Ah, ein Stadtmensch!", begrüßte ihn der Öhi, und als dieser ihm dann noch ein lila Milka fresh anbot und dabei die Warnung aussprach: "Aber Vorsicht, it's cool man!" wußte mein Verwandter nicht auf diese vermeintliche Beleidigung eines Amerikaners zu reagieren, so daß er sein Heil in der Flucht ins vermeintlich sichere Tal suchte. Und dieser schnelle Abstieg trieb ihn unglücklicherweise direkt vor die Hörner der genüßlich wiederkäuenden lila Kuh, deren plötzliches Erscheinen flugs für den nächsten lila Schock und damit für einen Verlust seiner Sinne sorgte.

Aus dieser Ohnmacht erwacht, erweckte ihn ein freundlicher Mann mit fröhlicher Mine und stellte sich meinem Schwager als Innungsmeister vor. Als solcher kam er just von der Kontrolle einer Kleinbäckerei mit nur zwei Angestellten und konnte deshalb einen leckeren lila Milka tender zur Stärkung meines Verwandten reichen. Der unerwartete Anblick der lila Verpackung ermöglichte ein zweites amerikanisches Koma, aus dem er aber kurze Zeit später durch eine rauhe Zunge geweckt wurde, die nämlich seine Gesichtshaut kräftig massierte. Dieses längliche, lila Verdauungsorgan der lila Kuh und ein dumpf grollendes Muhen sorgten verständlicherweise nur für einen kurzen wachen Moment bei meinem Schwager - und schon schwebte er erneut in einer nicht diesseitigen Welt.

Zufällig trainierte der Berliner Goldfisch Franzi in einem klaren, 8-bahnigen, 50 Meter langen Bergsee, in dessen unmittelbarer Nähe ihr Opel Tigra und der ohnmächtige Körper meines Verwandten parkten. Dank Franzis schneller Reaktion und der erlernten Mund-zu-Mund-Beatmung durfte unser Ami schon sehr schnell wieder das Licht der Welt erblicken. Dies aber auch nur kurz, denn der lila Badeanzug der Schwimmerin ließ ihn erneut sanft aber sicher in die wohlige, erdnahe Almwiese gleiten - ein lila Kuhfladen federte den harten Aufschlag des Kopfes glücklicherweise etwas ab.

Für den größten lila Schock bedankte sich mein Schwager allerdings bei zwei bärtigen Almöhis: Einer der beiden, Alfons, 'tauschte' vermeintliches Slowfood in Form von lila Pausen gegen die Stiefel und den Hut meines Verwandten - obwohl er sich gegen diesen Diebstahl heftig zur Wehr setzte. Doch die lila Kuh am Horizont bedingte eine nur sehr kurze Verteidigung gegen das Bergvolkpärchen, so daß diese in aller Ruhe die Kleidungsstücke des bewußtlosen Amerikaners an sich nehmen konnten. Nachts, als alle Kühe grau waren, schlich sich unser Verwandter barfuß und unbehütet hinab ins Dorf, um dort völlig entnervt in die Arme seiner Frau zu fallen und ihr die unglaubliche Geschichte zu erzählen.

Der Anblick des arg gebeutelten und lila-sensiblisierten Gatten bewog meine Schwester dazu, sofort abzureisen. Im trauten home, sweet home angekommen, klagten sie mir ihr Leid am Telefon, so daß ich mich heute empört und verantwortungsbewußt mit Ihnen in Verbindung setze: denn meiner Meinung nach sind Sie mit Ihren Produkten nicht ganz frei von Schuld an der Situation meines Schwagers. Oder sind diese Menschen, Tiere und die Farbe Lila nicht Teil Ihres Unternehmens?

Was also schlagen Sie vor, die Lilaphobie des amerikanischen Bürgers zu bekämpfen? Ist eine Heilung überhaupt möglich? Möglicherweise sind Ihnen bereits ähnliche Fälle zu Ohren gekommen, so daß Sie schon eine Patentlösung kennen und sogar erfolgreich anwenden konnten? Und was ist eigentlich mit dieser gar wunderlichen lila Kuh? Gibt es dieses unnatürlich gefärbte Rindvieh wirklich oder kann ich diesen gar seltsamen Milchlieferanten getrost als Halluzination meines Schwagers ins Reich der Märchen und Fabeln verbannen? Auch eine Information darüber könnte dem Manne meiner Schwester große Dienste in Richtung endgültige Heilung leisten. Voller Hoffnung auf Ihr Verständnis und Ihre Hilfe verbleibe ich und bedanke mich schon jetzt für Ihre Bemühungen.

Mit freundlichen, leider nur schwarzweißen Grüßen auch an Ihren Lilalaunebären - falls dieser ein Geschäftspartner Ihrer lila Kuh sein sollte.

# Kraft Jacobs Suchard

Kraft Jacobs Suchard
Erzeugnisse GmbH
& Co. KG
Postfach 10 78 40
28078 Bremen
Langemarckstr. 4-20
28199 Bremen
Telefon: (0421) 599-01
Fax: (0421) 599-36 75



*Ira Goosmann*
*An der Tränke 10*

*37079 Göttingen*

*Ulrich Preil*
*LOG-S*
*Tel. 599 - 3417*
*Bremen, 05.06.96*

*Sehr geehrte Frau Goosmann,*

*vielen Dank für Ihr nettes Schreiben vom 28.3.1996, zu dessen Beantwortung wir leider erst heute die Zeit finden.*

*Es hat uns nun denn auch einige Zeit gekostet, die seltsamen lila Abenteuer Ihres Schwagers zu verdauen. Alle Achtung, was der arme Kerl alles erlebt hat. Aber seien Sie versichert, Spätschäden aufgrund seiner seltsamen Begegnungen der lila Art sind nicht zu befürchten. Trost und Rat bei schwereren Fällen von lila Irritationen bietet zudem ein Buch, geschrieben von einem Landsmann Ihres Schwagers mit dem Titel "Der Alte Mann und die Kuh", das bestens als Therapeutikum eingesetzt werden kann.*
*Wir glauben jedoch, alles dies wird nicht nötig sein, da wir davon ausgehen, daß Ihr Schwager sich nach Wiedererlangung seiner texanischen Grundkleidung ohnehin sehr schnell selbst erholt.*

*-Übrigens, das lila Rindvieh, wie Sie es titulieren, gibt es tatsächlich. Es erfreut sich bester Gesundheit und trägt den Namen Krinte.*

*In der Hoffnung, daß Ihr Schwager bald wieder auf dem, wenn vielleicht auch nicht -lila - Damm ist,*

*verbleiben wir mit freundlichen lila Grüßen*

*KRAFT JACOBS SUCHARD ERZEUGNISSE GMBH & CO. KG*
*- Verbraucherdienst -*

*Preil* *Bergmann*

Göttingen, den 23.10.1995

Absender:
Volker Losch - An der Tränke 10 - 37079 Göttingen

An
Grundig
Kurgartenstraße 37

**D- 90762 Fürth**

Sehr geehrte Damen und Herren,

Ihr neuester Werbespot zeigt eine heiße Jagdszenerie: In einem scheinbar undurchdringlichen Dschungel voller Pflanzen und Viedeorekorder-Tieren wird der Zuschauer in die Jagd nach einem einfach zu bedienenden Videorekorder integriert, der das Produkt Ihrer neuesten Entwicklung ist. Und "Schwupps", schon landet Ihr Rekorder im Netz des Jägers und wartet auf die Erfüllung seiner Aufgaben.

Tja, und voller Jagdfieber brach auch ich zuerst in unsere hiesigen Wälder auf, um mir Ihren Videorekorder zu fangen. Doch da ich in diesen Breitengraden kein einziges Exemplar dieser Spezies sichten konnte, führte mich meine nächste Expedition in den tiefsten Regenwald Brasiliens. Allerdings gelang es mir auch dort nicht, das neueste Grundig Videorekorder-Modell zu erjagen. Zwar gingen mir einige CD-Player, Videokameras und Fernseher ins Netz, aber darunter war weder ein Grundigexemplar noch konnten mich diese Fänge anderweitig befriedigen - ich mußte diesen Rekorder haben! Auch die Golddublone, die ich an den Mast unseres Expeditionsbootes schlug, und die für denjenigen Tierfänger gedacht war, der mir den Aufenthaltsort des schwarzen Grundig-Videorekorder zuerst meldet, verfehlte ihre Wirkung: der Rekorder war nicht zu entdecken.

Und nun sitze ich hier zu Hause an meinem Schreibtisch, muß die fehlgeschlagene und erfolglose Expedition verkraften und wende mich nun an die Grundig-Experten: Was habe ich falsch gemacht? War ich zur falschen Zeit am falschen Ort? Ist der Rekorder ausschließlich nachtaktiv? Was muß ich also in Zukunft tun, damit ich die Jagdtrophäe über meinen Kamin hängen kann?

Sie sehen, Fragen über Fragen, um deren Beantwortung ich Sie heute sehr höflich und freundlich bitten möchte. Deshalb verbleibe ich voller Vorfreude auf Ihre Antwort und bedanke mich schon jetzt für Ihre Bemühungen.

Mit freundlichen und waidmännischen Grüßen: "Halali"

**GRUNDIG**

Grundig Vertriebs-GmbH • Postfach 51 02 68 • D-30632 Hannover

*Herrn*
*Volker Losch*
*An der Tränke 1o*

*37o79 Göttingen*

Niederlassung Hannover
Ahrensburger Straße 8
D-30659 Hannover

Telefon: 05 11 / 90 16-5
Telefax: 05 11 / 90 16-629

KD-Center NORD
Telefon: 0 40 / 7 33 31-231
Fax E-Teile:
0 40 / 7 33 31-333

| Ihre Nachricht vom | Ihre Zeichen | Unsere Zeichen | Hausapparat | Datum |
|---|---|---|---|---|
| | | *4/2oo* | *64o* | *o2.11.95* |

***Ihr Schreiben v. 23.1o.1995***

***Sehr geehrter Herr Losch,***

***vielen Dank für Ihr o.g. Schreiben, welches uns zur Beantwortung übergeben wurde.***

***Wir freuen uns, daß Sie Interesse an den neuen GRUNDIG-Megalogic-Videorecordern zeigen; besonders gefallen hat uns die Schilderung Ihrer Expedition im tiefsten Regenwald Brasiliens.***

***Um evtl. selbst in den Besitz der ausgelobten Golddublone zu kommen, senden wir Ihnen anbei einen Spezialprospekt, in dem die GRUNDIG Megalogic-Videorecorder abgebildet und beschrieben sind.***
***Anhand der Spezifikationen und Features können Sie sich Ihr Videorecordermodell aussuchen und bei einem Fachhändler Ihrer Wahl erwerben.***

***Sollten Sie noch irgendwelche Fragen haben, sind wir gerne bereit, diese für Sie zu beantworten. Wir wünschen Ihnen viel Erfolg beim "Fallenstellen" und verbleiben***

***mit freundlichen Grüßen***

***GRUNDIG-Vertriebs-GmbH***
***Niederlassung Hannover***

i. A. Heitmann

***Heitmann***
***Anlage***

ORG 3 - E 1575/64 B XII.94 (GD3)

Grundig Vertriebs-GmbH
Sitz der Gesellschaft: Fürth/Bayern
Amtsgericht: Fürth/Bayern, HR B 546
USt-IdNr.: DE 811116980

Geschäftsführer:
Hans Burkhard,
Stefan Gilica,
Meinhard Schaa

Dresdner Bank AG,
Hannover,
BLZ 250 800 20,
Kto. 1 030 097 00

Schweizerische Kreditanstalt
(Deutschland) AG, Frankfurt,
BLZ 501 207 17,
Kto. 830 330

Postbank Hannover,
BLZ 250 100 30,
Kto. 58 87-307

Göttingen, den 14.1.1996

Absender:
Volker Losch - An der Tränke 10 - 37079 Göttingen

An
Augsburger Kammgarn-Spinnerei AG
Postfach 10 11 27

**D- 86001 Augsburg**

Sehr geehrte Damen und Herren,

heute wende ich mich an Ihr Unternehmen, da Sie meiner Meinung nach die Experten und einzige Hilfe bezüglich meines Problems sind. Die Vorgeschichte: Nachdem ich meine Schulausbildung hinter mich bringen konnte, werde ich schon bald meinen lange gehegten Traum realisieren. Im März heuere ich auf einem Schiff an, so daß ich endlich in See stechen und um die ganze, weite Welt fahren kann.

Alle Formalitäten sind geklärt, so daß ich mich nun ganz persönlich auf die kommenden Ereignisse einstimmen kann und muß. Dazu gehört für mich neben der fachlichen Ausbildung auch eine intensive Vorbereitung auf das berufliche Umfeld, zu dem der Umgang mit den Matrosen, bzw. Arbeitskollegen zu zählen ist. Natürlich möchte ich mich mit meinen zukünftigen Schiffsbegleitern gut verstehen und neben den erfahrenen Seebären ein gute Figur abgeben. Und dazu habe ich mir auch schon einen Anker auf den linken, eine Meerjungfrau auf den rechten Arm und ein Segelschiff auf die Brust tätowieren lassen. Doch zu dieser körperlichen und optischen Anpassung gehört zur nautischen Vorbereitung auch die mentale Verschmelzung des Geistes mit dieser ehrbaren Seemannspassion, so daß ich nun versuche, **das** untrügliche Zeichen seemännischer Erfahrung, Weisheit und Weltgewandtheit zu erlangen: das Seemannsgarn!

Inwiefern können Sie als Garnexperten mich bezüglich dieser Produkte beraten? Welche Qualitätsunterschiede gibt es bei diesen Garnen? Spielt die Farbe oder Fadenstärke des Garnes eine Rolle? Bieten Sie möglicherweise diverse Einsteiger- oder Anfängergarne an? Wie teuer ist denn beispielsweise eine Rolle Seemannsgarn, das für ca. eine Weltumseglung reichen soll? Benötige ich spezielles Spinn- oder Nähwerkzeug für dieses Seemannsgarn?

Ich hoffe, daß ich Sie mit diesen vielen Fragen nicht abschrecke, doch mir liegt die Beantwortung sehr am seewässrigen Herzen, so daß ich voller Vorfreude auf Ihre Antwort verbleibe und mich schon jetzt für Ihre Bemühungen bedanke.

Mit freundlichen Grüßen und voller Hoffnung auf jede Menge qualitativ hochwertiges Seemannsgarn

AUGSBURGER KAMMGARN-SPINNEREI

AKTIENGESELLSCHAFT

Herrn
Volker Losch
An der Tränke 10

37079 Göttingen

17.01.1996

**Seemannsgarn**
**Ihr Schreiben vom 14.01.1996**

Sehr geehrter Herr Losch,

es ist in der heutigen Zeit besonders erfreulich, wenn junge und offensichtlich dynamische Männer zu neuen Ufern streben.

Wir haben mit Interesse zur Kenntnis genommen, daß Sie sich mit einem traditionellen Garnprodukt befassen, das bereits der berühmte Seefahrer Odysseus in der Antike verwendete.

Leider war auch zur damaligen Zeit die Provenienz dieses Garnes nicht festzustellen.
So ist es bis heute geblieben, und wir bedauern, Ihnen hier nicht weiterhelfen zu können, da die Technologie offensichtlich zu den großen Geheimnissen der Weltgeschichte zählt.

Mit freundlichen Grüßen

D-86001 AUGSBURG · POSTFACH 10 11 27 · TELEFON (08 21) 56 03-0 · TELEFAX (0821) 56 03-404
Sitz der Gesellschaft Augsburg · Amtsgericht Augsburg, HRB Nr. 1
Vorsitzender des Aufsichtsrates: Thomas Berger · Vorstand: Armin Hennemann, Johannes Walzik

Göttingen, den 27.6.1995

Absender:
Volker Losch - An der Tränke 10 - 37079 Göttingen

An
doka
Die Schalungstechniker
Industriestraße 57

**D- 31275 Lehrte**

Sehr geehrte Damen und Herren,

ich setze mich heute mit Ihnen in Verbindung, da ich mir sicher bin, daß nur Sie allein Lösungsmöglichkeiten für mein Problem zu erarbeiten in der Lage sind. Bevor ich Ihnen mein Anliegen näher schildern kann, muß ich Ihnen zuerst einmal kurz meine derzeitige persönliche Lage beschreiben:

Ich lebe mit meiner 83jährigen Großmutter zusammen, da ich mir eine eigene Wohnung nicht leisten kann. Also helfe ich ihr ein wenig bei der Hausarbeit, gehe für sie Einkaufen und erledige anfallende Kleinigkeiten rund um Haus und Garten. Da meine Omi durch die Erlebnisse und Einschränkungen während des Zweiten Weltkrieges verständlicherweise sehr geprägt ist, sind Sparsamkeit und Ehrung aller Lebensmittel Ihre ganz persönlichen hohen Werte. Natürlich habe ich für Ihr Verhalten absolutes Verständnis, doch manche Kleinigkeiten nerven mich schier unendlich. Denke ich an die Küchenarbeit, fällt mir sofort das Extrem "Kartoffelschälen" ein: da Ihre Augen nicht mehr die stärksten sind, habe ich das Enthäuten der Erdäpfel übernommen; nun verhält es sich aber so, daß meine Omi die Schalen anschließend gegen das Licht hält und mir Vorwürfe über meine Schältechnik macht: "Du schälst die Kartoffeln viel zu heftig! Schau mal, wieviel von dem Kartoffelinneren noch an der Schale hängt. Eine Verschwendung ist das..."

Nun frage ich Sie als Experten in der Schalungstechnik, wie ich meine liebe Omi denn zufrieden stellen kann? Gleichzeitig bitte ich Sie aber auch um Lösungsvorschläge für das Spargel- und Pilzschälungsproblem, da meine Omi auch hier sehr genau kontrolliert. Wie können Sie mir helfen? Hoffentlich haben Sie Verständnis für meine Lage, denn ich möchte meine herzallerliebste Omi auch nicht vor den Kopf stoßen und aggressiv auf ihr Verhalten reagieren.

Voller Vorfreude auf Ihre Lösungsvorschläge verbleibe ich mit freundlichen Grüßen und bedanke mich schon jetzt für Ihre Bemühungen, einem leidenden Enkel zu helfen.

**Die Schalungstechniker**

Deutsche Doka
Schalungstechnik GmbH
Niederlassung Hannover

Herr
Volker Losch
An der Tränke 10

37079 Göttingen

Lehrte, 04.07.1995
feu

**Ihr Scha(e)lungsproblem**

Sehr geehrter Herr Losch,

vielen Dank für das Vertrauen, das Sie mit Ihrer Anfrage in unsere Firma gesetzt haben.

Leider müssen wir Ihnen jedoch mitteilen, daß wir wohl nicht der richtige Ansprechpartner für Sie sind. Das Gebiet Scha(e)lung ist so groß, daß wir uns spezialisiert haben auf die Bereiche Eier-, Nuß- und Nautilusschalen (das können Sie auch klar auf unseren Prospekten erkennen).

Wir hoffen, daß wir Ihnen mit diesen Informationen weiterhelfen konnten und senden an dieser Stelle viele Grüße an Ihre Omi.

Mit freundlichen Grüßen

**Deutsche Doka**
**Schalungstechnik GmbH**
Regionalleitung Nord

i. A. S. Feuer

Sirkka Feuerhahn

PS: Als Anlage schicken wir Ihnen eines unserer Werbepräsente: ein Poliermesser. Vielleicht lassen sich damit Ihre Kartoffeln besser schälen!

**D-31275 Lehrte, Industriestraße 57 · D-31255 Lehrte, Postfach 15 48** · Telefon: (0 51 32) 20 93 · Telefax: (0 51 32) 20 96
Registergericht: Amtsgericht München, HRB 47 39 · Sitz der Gesellschaft: 82216 Maisach
Geschäftsführer: Alfred Umdasch (Vorsitzender), Fritz Jürgens, Alfred Zimmermann, Roland Schmitt
Ein Unternehmen der Umdaschgruppe

Göttingen, den 5.7.1995

Absender:
Volker Losch - An der Tränke 10 - 37079 Göttingen

An
Medical Hair
Gesellschaft für Haarchirurgie mbH
Hasenbergstraße 31

**D- 70178 Stuttgart**

Sehr geehrte Damen und Herren,

durch Ihre Anzeige in der Juliausgabe der ADAC Motorwelt aufmerksam geworden, setze ich mich heute mit Ihnen in Verbindung, da ich bezüglich Ihrer speziellen Methoden noch einige Fragen habe. Auch ich quäle mich jeden Morgen mit dem Blick in den Spiegel, der mir immer deutlicher zeigt, wie schnell sich die Fläche der möglichen Gesichtsbräune durch verstärkten Haarausfall vergrößert. Da ich mich mit 28 Jahren aber noch zu jung fühle, um mich als lebende Werbetafel für Billardkugeln zu präsentieren, bitte ich Sie als Experten der Haarschöpfung um Ihren Rat.

Allerdings berichtete mir ein Freund von einer Fernsehsendung, in der die Geschäftspraktiken einiger Ihrer Konkurrenten als sehr dubios dargestellt wurden: Dort zeigten nämlich Auslandskorrespondenten in Bolivien und Nordamerika Bilder von den angeblichen ‘Haarquellen’, aus denen diese Institute den benötigten Nachschub an menschlichem Echthaar schöpfen sollen. Die Einkäufer der Kliniken ziehen demnach durch die Bergdörfer und weiten Prärien, um dort frisch erbeutete Skalps zu kaufen. Je erhaltener und größer ein Skalp ist, desto größer die Prämie des Einkäufers für den Skalpjäger. So soll dort in den armen Landstrichen ein regelrechter Haarkrieg entfacht worden sein, bei dem es einzig und allein um das feste, glänzende, kräftige, volle und schöne Haar der Indianer gehen soll. Leider konnte er keine konkreten Zahlen über den Preis oder die Ausmaße nennen, die dieser Krieg schon angenommen hat. Aber ich möchte mir die Zukunft der Indianer nicht weiter ausmalen, denn der Gedanke an glatzköpfige Naturvölker, die Ihren natürlichen Kopfschutz gegen Sonne und Kälte aufgrund der Wünsche einiger selbstgefälliger, reicher Europäer entbehren müssen, läßt mir meine verbleibenden Haare zu Berge stehen.

Ich hoffe, daß Sie meine Bedenken verstehen können, denn ich möchte mein Haupthaar nicht mit dem Haar eines indianischen Kriegers ergänzen lassen; es wäre für mich unerträglich, daß aufgrund meiner Eitelkeit ein anderer Mensch sein gesamtes Haar unter wahrscheinlich sehr schmerzhaften Bedingungen verlieren mußte.

Die Abbildung unten soll Ihnen zeigen, wie mir mein Freund von diesem Skandal erzählte: so können Sie sich in meine Lage versetzen, wie tief mich seine Darstellungen getroffen haben. Hoffentlich können Sie diese haarige Angelegenheit aus der Welt schaffen, so daß ich voller Vorfreude auf Ihre baldige Antwort verbleibe und mich schon jetzt für Ihre Bemühungen bedanke.

Mit bis jetzt noch kahlen, aber dafür umso freundlicheren Grüßen

Abb.:

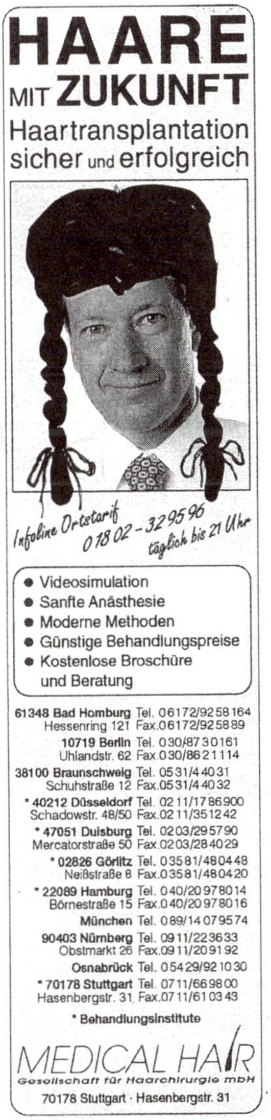

MEDICAL HAIR
Gesellschaft für Haarchirurgie mbH

M.H. Hasenbergstraße 31, 70178 Stuttgart

07.07.1995

Herrn
Volker Losch
An der Tränke 10

37079 Göttingen

Sehr geehrter Herr Losch,

wir bedauern, daß wir zur Zeit nicht in der Lage sind, uns intensiver mit Ihrem Anliegen auseinanderzusetzen. Wie Sie als Kenner unserer Branche sicherlich wissen, sind wir mitten in der Erntezeit, unsere Mitarbeiter sind einschließlich Sekretärin und Brotzeitholer zur Zeit in den Anden unterwegs, um die neue Ernte einzubringen.

Mit freundlichen Grüßen

i.A. [signature]
Detlev Schmandt

Hasenbergstraße 31 · 70178 Stuttgart · Tel. (07 11) 66 98 00 · Fax (07 11) 61 03 43
Bank: Stuttgarter Bank · (BLZ 600 901 00) · Kto. 2 525 205

Geschäftsführer: Detlev Schmandt
Handelsregister: Amtsgericht Stuttgart HRB 16751

Göttingen, den 4.3.1995

Absender:
Volker Losch - An der Tränke 10 - 37079 Göttingen

An
Wölfer
84/50

**D- 24796 Bovenau**

Sehr geehrte Damen und Herren,

bereits am 25.10.1995 und 28.12.1995 setzte ich mich mit Ihnen in Verbindung, erhielt bis heute aber keine Reaktion aus Ihrem Hause. Also nehme ich an, daß diese Schreiben auf dem Postwege verloren gingen. Und da ich sehr an einer Antwort interessiert bin, versuche ich heute erneut, Kontakt mit Ihnen aufzunehmen:

Gestern stach mir Ihre Anzeige förmlich ins Auge: "Nagelprobleme?", fragte mich Ihre Annonce, und ich kann Ihnen mitteilen, daß Sie mit dieser Frage den Nagel auf den Kopf getroffen haben.

Denn in meinem Beruf als Zimmermann bekomme ich immer größere Probleme, die langen Zimmerernägel ins Dachgebälk zu hämmern. Entweder haue ich die Nägel krumm oder treffe sie überhaupt nicht, und des weiteren schlägt mir die geballte Härte der Nägel den Hammer immer wieder aus der Hand. Ich weiß nicht, woran das liegen könnte, denn mein Augenarzt und auch mein Hausarzt konnten keine Veränderungen meiner Sehkraft und Gesundheit feststellen, so daß es wohl ein Rätsel bleiben wird. Und obwohl mich Ihr nagelneues Produkt "Gabunat", das angeblich meine Nagelprobleme lösen soll, sehr reizt, und ich es mir am liebsten sofort unter den Nagel reißen würde, muß ich mich vorher aber erkundigen, in welcher Art und Weise Ihr Medikament wirkt:

Muß ich die Tabletten, Tropfen, Zäpfchen oder Salbe selber anwenden oder muß ich damit meinen Hammer behandeln? Möglicherweise muß "Gabunat" auch mit den Stahlnägeln in Berührung kommen, damit ich sie dann besser in die Dachlatten und Balken treiben kann? Bitte beantworten Sie diese Fragen, denn dieses Nagelproblem brennt mir unter den Nägeln.

Ich hoffe, daß Sie mich davor bewahren können, meinen geliebten Beruf an den Nagel zu hängen, so daß ich voller Vorfreude auf Ihre rettende Antwort verbleibe und mich schon jetzt für Ihre Bemühungen bedanke.

Mit freundlichen und nagel(f)eiligen Grüßen

**STRATHMANN AG & Co.**

Strathmann · Postfach 610425 · 22424 Hamburg

Herrn
Volker Losch
An der Tränke 10

37079 Göttingen

Hamburg, 07.03.1996
bma

Sehr geehrter Herr Losch,

nun, offensichtlich sind Sie hammerhart...näckig.

Anfangs nahmen wir an, daß Sie von uns nicht mehr zu retten sind, Jetzt aber sind wir überzeugt, daß wir es bei der Vielzahl der Nagelprobleme, von denen uns täglich berichtet wird, mit einem der sehr seltenen - aber dafür um so schwerwiegenderen - Fälle handelt, bei denen der Fehler im Kopf liegt.

Wir haben es uns zur Regel gemacht, in diesen Fällen individuelle Therapiekonzepte zu entwickeln, die alle Symptome berücksichtigen. Vorwegschicken wollen wir, daß es sich bei unserem Präparat um Kapseln handelt.

1. Die Härte der Nägel schlägt Ihnen den Hammer aus der Hand:

   Hier können wir Ihnen leider nicht helfen, denn unser Präparat soll nur bei weichen Nägeln angewendet werden (siehe unten). Vielleicht aber am Rande ein kleiner Tip: Meiden Sie einfach diese Sorte Nägel oder, sollte das nicht möglich sein, ein altes Hausrezept: 3 x täglich 1 Banane.

2. Sie treffen die Nägel überhaupt nicht:

   Auch hier kann Ihnen unser Nagelpräparat nicht auf direkte Weise helfen, aber wir haben trotzdem eine Lösung für Sie: Wie Sie sehen werden, ist auf jeder unserer Packungen vorn und hinten ein roter Pfeil abgebildet. Nehmen Sie also einfach die leere Schachtel, falten diese flach zusammen und benutzen sie sie als Einschlaghilfe, indem der Pfeil immer auf die Stelle zeigt, an der Sie den Nagel einschlagen wollen.

3. Sie hauen die Nägel krumm:

   Hier - bei offensichtlich weichen Nägeln mit einer schlechten Struktur - vermuten wir am ehesten Anwendungsmöglichkeiten für unser Präparat. Wir haben jedoch bisher noch keine Studien bei der Anwendung an Zimmermanns-Nägeln vorliegen. Unsere

1/...

Strathmann AG&Co., Sellhopsweg 1, 22459 Hamburg; Telefon: 040/55 90 50, Fax: 040/55 90 51 00;
Bankverbindung: Deutsche Bank, Kto.-Nr.: 89 17 700 (BLZ 200 700 00); Sitz der AG: Herrenhaus Quarnbek; Registergericht: Kiel HRB 3857;
Aufsichtsrat: Kai-Christian Bleicken, Dr. Heribert Schmitz, Silke Strathmann (Vors.); Vorstand: Dr. Detlef Strathmann

Seite 2

wissenschaftliche Abteilung schlägt vor (nein, nicht ihre Nägel), die Kapsel jeweils unter den Nagel zu legen und den Nagel in ganzer Länge hindurchzutreiben, damit er vollkommen von dem Wirkstoff umschlossen wird. Erfahrungsgemäß dauert es dann ca. 8 Monate, bis sich der Nagel vollkommen regeneriert hat. Zur Ablagerung der behandelten Nägel empfehlen wir dann abermals, die leeren Schachteln des Präparates zu verwenden.

Sehr geehrter Herr Losch, wir hoffen sehr, daß unsere Vorschläge mehr als ein "Notnagel" für Sie sein werden. Natürlich können wir keine Garantie für die Wirksamkeit übernehmen - wir erwähnten bereits die Seltenheit Ihres Nagelproblems - sind aber trotzdem zuversichtlich, daß es in Zukunft in Ihrem Gebälk weniger kracht als bisher.

Mit freundlichen Grüßen
Strathmann AG & Co.

i.V.                      i.A.

Bettina Suckert            Birgit Mantwill

Göttingen, den 26.7.1995

Absender:
Volker Losch - An der Tränke 10 - 37079 Göttingen

An
Kurverwaltung Helgoland

**D- 27498 Helgoland**

Sehr geehrte Damen und Herren,

vor kurzer Zeit entschlossen meine Freundin und ich uns zu einem Kurzurlaub auf Ihrer Insel Helgoland. Als wir unseren Freunden von diesem Plan berichteten, schlug uns ein schallendes Gelächter entgegen: "Was, ihr wollt wirklich auf Helgoland Urlaub machen? Auf einem Legostein?" Natürlich waren wir baff, denn wir konnten uns nicht vorstellen, daß diese schöne Insel, die wir schon auf so vielen Postkarten haben glänzen sehen, ein Legostein sein sollte; deshalb fragten wir nach: "Was soll das denn heißen? Helgoland ein Legostein?" Ungläubige und erstaunte Augen starrten uns an, bis dann ein Freund unsere nötige Belehrung durchführte: "Habt ihr euch denn nie gefragt, warum mitten im Meer ein kantiger roter Klotz zu finden ist? Das ist nichts anderes als ein Werbegag des Unternehmens LEGO! Denn jeder, der die angebliche Insel auf Fotos, in Filmen oder mit eigenen Augen sieht, denkt zuerst an das kreative Plastikspielzeug - eine bessere Werbung kann man sich gar nicht vorstellen."

Allmählich konnte ich den Gedanken meiner Freunde folgen, hegte aber immer noch gewisse Zweifel gegen diese Behauptungen. Aber dann kam ein Argument zur Sprache, das mich fast 100%ig an den Legostein 'Helgoland' glauben ließ: Stellt man nämlich die Buchstaben der ersten Stammsilbe des Inselnamens um, erhält man LEGOH-land! Das 'H' wurde bei der Umstellung des Firmenlogos LEGO von den Werbestrategen allein aus klanglichen Gründen hinzugefügt, da sie davon ausgingen, daß sich die ursprüngliche Inversion des Firmennamens 'Elgoland' phonetisch nicht mit den eigentlichen Vorstellungen einer nordischen Insel deckt.

Was sagen Sie dazu? Wie muß ich mir Ihre Umgebung jetzt vorstellen? Schreibe ich möglicherweise einem Legomännchen, das starr in der Legokurverwaltung auf einem Legostuhl hockt, umgeben von einer Legosektretärin, Legoschreibmaschine, Legoschreibtisch? Fahren bei Ihnen auf der Insel nur Legoautos? Gibt es dort nur Legobäume? Kurz, ist Helgoland ein Legoland? Ich wäre Ihnen für eine Erklärung sehr dankbar, da nur Sie, als Bewohner dieses riesigen Legosteines oder Buntsandsteines, mir die Gewißheit geben können, welche Version die richtige ist. Schon jetzt möchte ich mich für Ihre Bemühungen bedanken und verbleibe in freudiger Erwartung auf Ihre alles klärende Antwort.

Mit freundlichen Grüßen an alle Helgoländer oder Legomännchen/frauchen

HELGOLAND ...wirklich einmalig

Kurverwaltung Helgoland · Postfach 720 · 27489 Helgoland

Herrn
Volker Losch
An der Tränke 10

37079 Göttingen

**Kurverwaltung**
**Nordseeheilbad**
**Helgoland**

Telefon 0 47 25 / 8 08 50
Bei Durchwahl 0 47 25 / 8 08 ____
Telefax: 0 47 25 / 4 26

Unser Zeichen: ________________

27489 Helgoland, ____________
28. Juli 1995

**Ihr Schreiben vom 26. Juli 1995**

Sehr geehrter Herr Losch,

vielen Dank für Ihren netten lustigen Brief vom 26.7.95. Wir haben ja schon einige amüsante Schreiben erhalten wie z.B. daß vor einem Aufenthalt auf Helgoland gewarnt wird, weil die Helgoländer ihre Gäste verzehren würden. Wir haben dann entsprechende Speisekarten versandt.

Auf die Idee, die Insel als LEGO-Stein zu bezeichnen, ist jedoch noch keiner gekommen. Wirklich ein hübscher Einfall - HELGOLAND-LEGOLAND.

Also, wenn dieser Brief aus Hintertupfingen gekommen wäre, hätte man das vielleicht noch erstaunt zur Kenntnis genommen. Aber aus der Universitätsstadt Göttingen ?! Da ist der Vorschlag, Helgoland von Christo einhüllen zu lassen, schon einfallsreicher.

Wenn wir auf einem Lego-Stein wohnen würden, hätten wir diesen bestimmt schon in das Mittelmeer geschoben - wegen des immer so schönen Wetters.

Da Sie sich so intensiv auf nette Art mit der Insel Helgoland beschäftigt haben, legen wir unseren Prospekt diesem Schreiben bei und würden uns freuen, wenn Sie und Ihre Freundin einmal "Ihren LEGO-STEIN" besuchen könnten.

Mit freundlichen Grüßen
Kurverwaltung LEGOLAND
i.A

(Ingrid Saß)

Bankkonten: Kreissparkasse Pinneberg (BLZ 221 514 10) Konto-Nr. 3 852 100
Volksbank Cuxhaven (BLZ 241 618 14) Konto-Nr. 26 239 0000, Postscheckkonto: Hamburg (BLZ 200 100 20) Konto-Nr. 314 06-206

Göttingen, den 26.2.1996

Absender:
Volker Losch - An der Tränke 10 - 37079 Göttingen

An
Düsseldorfer Senf- und Konservenindustrie
Frenzel GmbH & Co KG.
- Kundenberatung -

**D- 40468 Düsseldorf**

Sehr geehrte Damen und Herren,

Sie sind meine letzte Hoffnung, denn meine berufliche Zukunft ist alles andere als gesichert! Da es mir an Qualifikationen aller Art besonders großzügig mangelt, waren sämtliche meiner Bewerbungen noch nie von Erfolg gekrönt. Dabei spielte es nie eine Rolle, zu welcher Art von Tätigkeit ich mich hingezogen fühlte, immer wieder war das abweisende Argument des Personalchefs: "Sie können nix, Sie werden nix, Sie sind nix für diesen Job! Schönen Tag noch!"

Auf der Suche nach einem einzigen Talent meiner Person entdeckten meine Eltern und meine Freundin eher zufällig eine phänomenale Qualifikation, die mich endlich einmal aus der Riege der "Nichtskönner" hinauszuheben scheint: Mein Vater formulierte geschickt: "Egal, um welches Gesprächsthema es sich in geselliger Runde dreht, der Volker muß immer seinen Senf dazugeben!" Also findet auch ein blindes Huhn mal ein Senfkorn, und von diesem Zeitpunkt an, als sich das Wort "Senf" tief in mein Gedächtnis einbrannte, gab es für mich nur noch ein Ziel: die Senfindustrie.

Deshalb möchte ich mich bei Ihnen ganz besenftigend um eine Arbeitsstelle als Senfdazugeber bewerben. Meine oben dargestellte Qualifikation wird Sie mit großer Sicherheit von meiner besonderen Eignung als Senfdazugeber überzeugt haben, so daß ich voller Zuversicht in meine nahe und zugleich scharfe Senfzukunft schauen kann. Deshalb verbleibe ich voller Vorfreude auf Ihre positive Antwort und bedanke mich schon jetzt für Ihre Bemühungen.

Mit freundlichen und senftmutigen Grüßen

Löwensenf

Düsseldorfer
Löwensenf GmbH
Kieshecker Weg 240
D-40468 Düsseldorf

Postfach 10 13 43
D-40004 Düsseldorf

Telefon 02 11/41 59-0
Telefax 02 11/41 59 107
Telex 8 584 959

Herrn
Volker Losch
An der Tränke 10

37079 Göttingen

27.02.96

Ihre Schreiben vom 26.2.96

Sehr geehrter Herr Losch,

es freut uns außerordentlich, daß Sie sich zum Senfdazugeber berufen fühlen. Bei dieser verantwortungsvollen Aufgabe handelt es sich allerdings um eine selbständige Tätigkeit. Wir unterstützen dies lediglich dadurch, daß wir die benötigten Mittel dazu herstellen.

Im Vergleich zu der tiefen Befriedigung, die sich aus der Tätigkeit des Senfdazugebers ziehen läßt, fällt der geringe Kaufpreis für das Material kaum ins Gewicht, besonders wenn man die bekannte Ergiebigkeit unseres scharfen Senfes in Betracht zieht. Wenn Sie sich also zum Senfdazugeber berufen fühlen, hält jedes gute Fachgeschäft das Material dazu bereit. Da wir auch unsererseits dieses edle Werk förden möchten, fügen wir diesem Brief eine Tube Löwensenf extra bei.

Mit freundlichen Grüßen
Löwensenf GmbH

ppa. Dr. Smaczny

-Anlage-

Sitz der Gesellschaft:
Amtsgericht Düsseldorf
Düsseldorf HRB 20339

Geschäftsführer:
Anton Baur
Achim Kürten
Michael Schaffranka

Göttingen, den 5.7.1995

Absender:
Volker Losch - An der Tränke 10 - 37079 Göttingen

An
SCHECKER
Tier u. Technik GmbH & Co
Postfach 11 55 01

**D- 26619 Südbrookmerland**

Sehr geehrte Damen und Herren,

heute fand ich in meinem Briefkasten die Juliausgabe der ADAC Motorwelt, die ich wie gewöhnlich ausfuhrlich begutachtete. Und durch einen glücklichen Zufall fiel mein Blick auf Ihre Anzeige, obwohl ich diesem Teil der Zeitschrift normalerweise keine Beachtung schenke. Doch da stach mir das unterstrichene Angebot "Über 6000 Artikel rund um den Hund" förmlich ins Auge, so daß meine sofort verfaßten Zeilen heute auf dem Schreibtisch jener Experten liegen, die mein Problem mit großer Wahrscheinlichkeit lösen können.

Da wir selber einen Hund besitzen und ich ein sehr sprachinteressierter Mensch bin, gibt mir Ihre Anzeige ein absolutes Rätsel auf, denn mir waren bisher nur die bestimmten Artikel geläufig wie z. B. der Hund, die Hündin, das Hundehalsband
und die unbestimmten Artikel
ein Hund, eine Hündin, ein Hundehalsband.

Dekliniert man noch die vier Fälle jeweils im Singular und Plural kommen noch weitere Artikel dazu, aber trotzdem erreiche ich nie und nimmer die von Ihnen angekündigten 6000 oder sogar noch mehr. Oder sind in der schier unglaublichen Zahl 6000 auch fremdsprachige Artikel wie "the" oder "le" enthalten? Vielleicht bieten Sie aber auch eine Schöpfung aus der Konkreten Poesie an (siehe folgende Abbildung)?

dem
das ein
die **Hund** einer
der eine
eines

Natürlich müßte die Abbildung um mindestens 5992 Artikel ergänzt werden, aber ansonsten sind hier auch "Artikel rund um den Hund" dargestellt.

Ich hoffe, daß Sie mich mit meinem Problem nicht alleine lassen, sondern mich bei dessen Lösung durch Ihren kompetenten Rat unterstützen werden. Deshalb verbleibe ich voller Vorfreude auf Ihre baldige Antwort und bedanke mich schon jetzt für Ihre Bemühungen.

Mit den freundlichsten Grüßen

...immer HUNDE-prozentig!

**SCHECKER**

Schecker GmbH & Co.
Ostvictorburer Straße 109
D-26624 Südbrookmerland
Telefon: (04942) 4844, Fax: 4808

Herrn
Volker Losch
An der Tränke 10

37079 Göttingen

11. Juli 1995/lu

Sehr geehrter Herr Losch,

Ihren Brief fanden wir echt lustig.

Sie sollten sich beim NDR bewerben, die Sendung „Quatsch" sucht Moderatoren, die Ihr sprachliches Niveau erreichen. Leider ist das heute keine Selbstverständlichkeit mehr, siehe unsere Werbetexte.

Nochmals vielen Dank für Ihren Hinweis. Vielleicht hat unser Tip Ihnen eine neue Idee gebracht.

Mit freundlichen Grüßen

i.V. Bünting

Kai Bünting

04942/4844
FAX:4808

Besuchsadresse:
Ostvictorburer Straße 109
26624 Ostvictorbur

Kreissparkasse Aurich
(BLZ 284 510 50)
Konto 10 000 701

Postbank Hannover
(BLZ 250 100 30)
Konto 383 297-302

OLB Aurich
(BLZ 284 210 30)
Konto 836 71883 00

(S.W.I.F.T.-Adresse für
Auslandszahlungsverkehr:
OLBO DE H2 230)

Göttingen, den 7.7.1995

Absender:
Volker Losch - An der Tränke 10 - 37079 Göttingen

An
Murnauer
Markenvertrieb GmbH

**D- 82418 Murnau**

Sehr geehrte Damen und Herren, liebe Zahnarztfrau!

Ich finde Ihre Werbung bezüglich des Produktes "perlweis" sehr gelungen und hervorragend in Szene gesetzt. Es ist schon beeindruckend, wie eine weiß gekleidete Zahn-Engelin durch einen medizinischen Raum schwebt, mit einem strahlenden Lächeln die blendend weißen Zähne stolz der Kamera präsentiert und dann souverän mit der Einleitung "Ich als Zahnarztfrau..." ihre Qualifikation für jegliche Zahnprobleme verkündet. Sofort lausche ich dem Rat einer Expertin, ihre Ausstrahlung und das sichere Auftreten schlagen mich in ihren Bann. Ist der Spot zuende, gibt es für mich kein Halten mehr, unverzüglich schwinge ich mich aufs Fahrrad und kaufe eine weitere Tube "perlweiss": eine Zahnarztfrau muß es schließlich wissen. Allerdings würde es mich brennend interessieren, ob denn der Zahnarztfraumann, also mit hoher Wahrscheinlichkeit der Zahnarzt selber, auch die gleiche Zahncreme "perlweiss" benutzt, oder ob er seiner Frau mit diesem Werbespot lediglich die Möglichkeit des Nebenerwerbes bot, um damit die wahrscheinlich schlechtlaufende Praxis vor dem wirschaftlichen Chaos zu bewahren?

Meine Liebe zu dieser Zahnarztfrau hat unglaubliche Formen angenommen: Nicht nur, daß ich Ihren Spot bereits auf Video aufgezeichnet habe und natürlich nur das expertenempfohlene "perlweiss" benutze, nein, meine Zahnarztfraumanie geht sogar soweit, daß ich ihre Kapazität auf dem Gebiet der Zahnmedizin auch auf die Ehefrauen anderer Berufe übertrage. Das heißt zum Beispiel, daß ich bei einem Wasserrohrbruch zuerst mit der Klempnerfrau telefoniere, um von ihr einen geeigneten Rat entgegenzunehmen. Funktioniert der Ofen oder Kühlschrank nicht mehr, rede ich zuerst mit der Elektrikerfrau, benötige ich einen neuen Schrank, konsultiere ich die Tischlerfrau, fahre ich zum Tanken, wird erst mit der Tankwartsfrau gesprochen, und wenn ich Post erwarte, führe ich zuvor ein langes und intensives Gespräch mit der Postbotenfrau. Und es stimmt, jede Dame kam mir freundlich entgegen und beriet mich in allen technischen Fragen äußerst kompetent, so daß ich von der wahren Aussage Ihres Werbespots restlos überzeugt bin.

Ich hoffe, daß ich mit diesen Zeilen meine große Liebe und Anbetung diesen Zahnarztfrauen gegenüber treffend und eindringlich darstellen konnte, denn ich möchte Sie höflichst und freundlich bitten, mir weitere Informationen und eventuell vorhandenes Fanmaterial zukommen zu lassen, damit ich sämtliche noch vorhandenen Wissenslücken schließen kann - Zahnlücken schließt hoffentlich meine Zahnärztin.

Mit strahlend weißen Zähnen sende ich Ihnen freundliche Grüße aus Göttingen und soll diese auch von meiner Werbespotkonsumentenfrau bestellen.

MURNAUER MARKENVERTRIEB GMBH

Perl weiss | Frühmesner

Murnauer Markenvertrieb GmbH · Maximiliansplatz 16 · D-80333 München

☏ (089) 22 31 05
FAX (089) 29 90 79

Herrn
Volker Losch
An der Tränke 10

37079 Göttingen

| IHR ZEICHEN | IHRE NACHRICHT | UNSERE ZEICHEN | D-80333 MÜNCHEN |
|---|---|---|---|
| | | WK/pz | 13. Juli 1995 |

**PERLWEISS**

Sehr geehrter Herr Losch,

vielen Dank für Ihren Brief. Es freut uns natürlich sehr, daß Sie sich so intensiv mit unserer Werbung befaßt haben, auch wenn wir natürlich eine gewisse Ironie aus Ihrem Brief herauslesen können.

Wunschgemäß erhalten Sie in der Anlage einige Unterlagen, aus denen Sie alles wissenswerte entnehmen können. Außerdem lassen wir Ihnen mit separater Post je eine Originalpackung unserer PERLWEISS-Produkte zukommen und hoffen, daß Sie auch oder gerade wegen unserer Werbung in Zukunft regelmäßiger Benutzer von **PERLWEISS** bleiben oder auch werden.

Mit freundlichen Grüßen

MURNAUER MARKENVERTRIEB GMBH

g Pietz

Gabriele Pietz

<u>Anlage</u>

SITZ DER GESELLSCHAFT: MURNAU
POSTANSCHRIFT: MAXIMILIANSPLATZ 16, D-80333 MÜNCHEN
GESCHÄFTSFÜHRER: WERNER KRISP / ERIKA KRISP
REGISTERGERICHT: MÜNCHEN HRB 51772

BANKVERBINDUNGEN:
BAYERISCHE HYPOTHEKEN- UND WECHSEL-BANK MURNAU, KTO. 6630 125 845 (BLZ 703 203 05)
BANKHAUS REUSCHEL & CO., MÜNCHEN, KTO. 1065 713 (BLZ 700 303 00)
USt.-IdNr. DE 128366964

Göttingen, den 29.7.1995

Absender:
Volker Losch - An der Tränke 10 - 37079 Göttingen

An
Ravensburger Spiele-Vertrieb GmbH
Postfach 18 60

**D- 88188 Ravensburg**

Sehr geehrte Damen und Herren,

ich bin ein ausgesprochener Spielefreak, so daß in jeder Woche mindestens ein Spieleabend mit der Familie oder Freunden organisiert und durchgeführt wird. Dabei ist unser Lieblingsspiel "Nobody is perfect", das uns schon zu vielen Lachtränen anregen konnte. Mein Problem und damit der Grund meines Schreibens ist aber ein anderer, denn wenn ich mit meiner Familie einen Spieleabend genießen möchte, stören uns dabei ständig unsere Omi und unser Opi.

Während meine Geschwister, meine Eltern und ich uns fröhlich an einem Ihrer Spiele ergötzen, nörgeln sie in unmittelbarer Nähe herum und klagen mit weinerlicher Stimme: "Wir wollen aber auch mitspielen, bitte, bitte, bitte! Laßt uns doch auch mitspielen!" Dann bleibt uns wie immer keine andere Wahl, als Ihren Spielkarton zu greifen und den beiden älteren Herrschaften laut vorzulesen, daß "Nobody is perfect" nur von Menschen im Alter von 14 bis 99 Jahren gespielt werden darf! Da meine Omi stolze 113 und mein Großvati sogar schon 118 Jahre alt ist, fallen sie aus dem erlesenen Kreis der Mitspieler natürlich heraus. Aber Sie wissen ja selbst, wie stur ältere Menschen manchmal sein können: Omi und Opi sehen es absolut nicht ein, daß wir es nicht verantworten könnten, die beiden an der Freude unseres Spieles teilhaben zu lassen. Und so stänkern, nörgeln, mäkeln, tadeln, kritteln, maulen, meckern, stänkern, motzen und wettern sie den ganzen Abend, kurz: sie sind sehr, sehr unzufrieden!

Um diese Unzufriedenheit endlich einzudämmen, möchte ich Sie mit diesem Schreiben bitten, daß Sie meinen Großeltern, die sonst wirklich herzensgute, liebe und zuvorkommende Menschen sind, schriftlich erläutern, daß sie in diesem Alter wirklich nicht mehr mitspielen dürfen. Wozu sonst macht sich Ihr Unternehmen die Mühe, eine Altersregelung abzudrucken? Sogar mein Vater sieht ein, daß mit seinen 98 Lebensjahren nun die letzten 365 Tage seines aktiven Gesellschaftsspiele-Lebens eingeläutet sind. Oder gibt es womöglich ein Spiel aus Ihrem Hause, das auch für Menschen bis 120 Jahre geeignet ist? Dann wäre es sehr nett von Ihnen, wenn Sie mir diese Spiele nennen könnten, damit meine spielverrückten Großeltern auch ein wenig Kurzweil in ihrer weiteren Zukunft genießen könnten. Damit würden Sie meiner Omi und meinem Opi eine sehr große Freude bereiten; aber auch mir und meinen Geschwistern, die wir dann endlich einmal in Ruhe überlegen können, was eine Mansube ist! Deshalb verbleibe ich voller Vorfreude auf Ihre Antwort und bedanke mich schon jetzt für Ihre Bemühungen.

Mit freundlichen und 14-99 Grüßen

Postfach 1860
D-88188 Ravensburg

Telefon (0751) 860 Telefax (0751) 86311 Telex 732926

Warenverkehr und Hausadresse
Robert-Bosch-Straße 1 D-88214 Ravensburg

**Ravensburger®**
Ravensburger Spieleverlag GmbH

Herrn
Volker Losch
An der Tränke 10

37079 Göttingen

02.08.1995
RSV/S-ehu
Tel. 07 51/86-4 85
Fax. 07 51/86-8 43

Sehr geehrter Herr Losch,

vielen Dank für Ihren Brief.

Es tut uns sehr leid, daß Sie Ihre 113jährige Omi und Ihren 118jähriger Opi an Ihren fröhlichen Spielerunden wegen unseren Altersangaben auf den Spieleschachteln, bis jetzt haben nicht teilhaben lassen können. Dies ist nicht in unserem Sinne!

Die Altersangaben auf unseren Spieleschachteln sind lediglich Empfehlungen . Auf keinen Fall wollen wir den schon gewiften 3jährigen, noch den rüstigen 150jährigen von unseren Spielen fernhalten. Natürlich ist der Spielspaß bei einer Spielrunde das Wichtigste, egal mit welchen Spielern sich der Kreis der Spielenden zusammensetzt.

Also, bei Ihrem nächsten Spieleabend nehmen Sie Ihre Großeltern mit an den Spieltisch. Bestimmt wird der Spielabend mit Ihren Großeltern ein großer Erfolg! Auch Ihr Herr Vater braucht sich keine Sorgen um sein Alter zu machen. Wenn er sich noch rüstig genug fühlt um an Ihren Spieleabenden teilzunehmen, dann nur zu! Wir wünschen auf jedenfall allen Beteiligten, den ganz jungen und den älteren Spielern, weiterhin viel Spaß beim Spielen

Verspielte Grüße aus Ravensburg sendet Ihnen

RAVENSBURGER SPIELEVERLAG GMBH
Produktbereich Familien- und Erwachsenenspiele
Redaktion

E. Hummel

Elke Hummel

Ravensburger Spieleverlag GmbH, Sitz der Gesellschaft: Ravensburg, Amtsgericht Ravensburg HRB 1355
Geschäftsführer: Dr. Armin Boeckeler, Dr. Anton Dressendörfer, Ulrich Urban

Deutsche Bank Ravensburg (BLZ 650 700 84) Konto-Nr. 0227 009 SWIFT DEUTDE SS 650

Südwestdeutsche Landesbank Stuttgart (BLZ 600 500 00) Konto-Nr. 25 243 SWIFT SOLADE ST 670

Landeszentralbank Ravensburg (BLZ 650 000 00) Konto-Nr. 650 07 303

Postbank Stuttgart (BLZ 600 100 70) Konto-Nr. 1233-701

Ravensburger®

Göttingen, den 28.7.1995

Absender:
Volker Losch - An der Tränke 10 - 37079 Göttingen

An
Kimberly-Clark GmbH
Steinbühlstraße 7

**D- 91299 Forchheim**

Sehr geehrte Damen und Herren,

mit Freuden fiel mir Ihr Produkt ins Auge, das ich zufällig in einem Regal entdeckte. "Super!" dachte ich, "endlich hat sich mal jemand Gedanken über ein echtes Männerproblem gemacht!" Natürlich kaufte ich sofort eine Packung "Camelia Soft extra lang" Schlipseinlagen, und schon bei der nächsten größeren Festlichkeit hatte ich Gelegenheit, die Qualitäten Ihres Produktes zu testen. Ich entfernte also den Schutzklebestreifen und befestigte eine Schlipseinlage an der Rückseite meines Schlips' und begab mich an die Mittagstafel. Und wie vermutet begann das Menü mit einer heißen Suppe. Wie froh und glücklich konnte ich mich nennen, heute mit einer Schlipseinlage erschienen zu sein!

Mit Schrecken dachte ich an die Vergangenheit, als ich noch keine Schlipseinlagen kannte: kaum reichte man seinem Gegenüber die Suppenterrine, hing der eigene Schlips schon im eigenen Teller Suppe, und man versaute sich das ganze Hemd. Heute allerdings schadet ein kleines Bad meiner Krawatte in der Suppe nicht, denn Ihre Schlipseinlage saugt die Flüssigkeit aus dem Stoff des Schlips', und ich kann in aller Ruhe weiterspeisen. Eine tolle Sache, Ihre Schlipseinlage!

Allerdings frage ich mich, warum Ihr Produkt den meiner Meinung nach doch sehr unpassenden Namen "Camelia Soft extra lang" trägt. Ist diese Bezeichnung nicht eher ansprechend für die weiblichen Wesen unter uns? Lediglich der Zusatz "extra lang" läßt vermuten, daß diese Einlage auch für sehr lange Krawatten geeignet ist und damit eher auf ein Produkt für den männlichen Kundenkreis zugeschnitten wurde. Auch frage ich mich, warum die Schlipseinlagen alle eine weiße Farbe haben, wo es doch eher selten weiße Krawatten gibt? Wäre es nicht vorteilhaft, demnächst eine verbesserte Schlipseinlage zu präsentieren, die sich der Rückseite des Schlips' farblich anpaßt? Ich denke da an einen dunkelblauen oder sogar schwarzen Farbton, so daß die Schlipseinlage für andere Tischgäste auch nicht so leicht zu erkennen ist.

Trotzdem möchte ich hier ausdrücklich noch einmal die hervorragenden Qualitäten Ihres Produktes loben, denn Sie haben mir mit Ihrer "Camelia Soft extra lang" die Angst vor den Vorsuppen eines Menüs genommen. Haben Sie eigentlich schon mehrere derartig zufriedene Lobgesänge von Kunden erhalten? Mich würde wirklich sehr interessieren, ob alle meine männlichen Kollegen Ihnen ihre persönlichen Erfahrungen mitteilen und dementsprechend hochzufrieden sind. Deshalb verbleibe ich in freudiger Erwartung auf Ihre baldige Antwort und bedanke mich schon jetzt für Ihre Bemühungen.

Mit freundlichen Grüßen auch von meinen Schlipsen

Kimberly-Clark GmbH, Steinbühlstraße 7 Camelia® 91299 Forchheim

Herrn
Volker Losch
An der Tränke 10

37079 Göttingen

Kerstin Barthelmann
Telefon: 0 91 91/ 87 26 0

01.08.1995

Camelia®

Sehr geehrter Herr Losch,

Ihren netten und sehr ausführlichen Brief habe ich mit Freude gelesen. Herzlichen Dank für die Mühe, die Sie sich mit diesem Schreiben gemacht haben.

Vielleicht ist Ihnen beim Kauf der Packung Camelia Soft extra lang aufgefallen, daß in diesem Regal, in dem Ihnen unser Produkt ins Auge fiel, ausschließlich Frauenhygieneprodukte stehen. Angefangen von Binden über Tampons bis hin zu Slip-Einlagen. Daher kann ich Ihnen nur bestätigen, daß der Name tatsächlich eher ansprechend auf weibliche Wesen wirkt.

Aber für Ihr geschildertes Problem vielleicht einige Tips von meiner Seite; nehmen Sie Ihre Krawatte ab, wenn Suppe aufgetragen wird oder steigen Sie um auf Fliegen.

Wir wünschen einen schönen Tag und verbleiben

mit freundlichen Grüßen

Kimberly-Clark GmbH
Ihr CAMELIA® Team

Kerstin Barthelmann

Anlage

*Geschäftsführer: Brian J. Howes, John van Steenberg*
*Sitz und Gerichtsstand Koblenz*
*Registergericht Koblenz HRB Nr. 636*
*® eingetragene Schutzmarke Kimberly-Clark Corp.*

Göttingen, den 26.9.1995

<u>Absender:</u>
Volker Losch - An der Tränke 10 - 37079 Göttingen

An
Wüstenrot
Wüstenrot Haus

**<u>D- 71630 Ludwigsburg</u>**

Sehr geehrte Damen und Herren,

gestern sah ich Ihren Werbespot, der in altbekannter Manier einen Menschen beobachtet, der nur mit dem einen Ziel vor Augen durch die Gegend rast: die nächste Wüstenrot-Vertretung. Am Schluß kündigen Sie an, daß am 30.9. wieder einmal Wüstenrot-Tag ist. Allerdings ergab mein Blick auf den Kalender, daß der 30.9.1995 ein Samstag ist - also eben kein Wüstenrot-Tag!

Überhaupt entdeckte ich nach langen Recherchen nur den Dienstag, den Donnerstag, den Freitag, den Sonntag, den Montag, den Samstag und - Moment, da fehlt noch einer: richtig, der Mittwoch. Er endet zwar nicht mit '-tag', ist aber konventionell als Wochentag bekannt. Dann fällt mir noch der allgemeine Feiertag ein, der Freudentag, ein Sommertag, ein Trauertag, der Tag der offenen Tür, heutzutag, Sterntag, Tagbogen, Tagebau, Tagelied, Tagesanzeiger, Tagesbefehl, Tagesgang, Tagesmittel, Tageswert, Tagfalter, der Tag danach, Tage haben, tagen, tagaus, tagein, Tageszeitung, Tagebuch, Tagedieb, tagelang, werktags, Tagelöhner, Tagesanbruch, Tageskarte, Tageskilometerzähler, Tageslichtprojektor, Tagesordnung, taghell, tagsüber, erster Schultag, ganztags, Geburtstag, Wandertag, Namenstag, Vatertag, Muttertag, Arbeitstag, Hochzeitstag, Bundestag, Karfreitag, Rosenmontag, Gründonnerstag, Ostersonntag, Ostermontag, Pfingstsonntag, Pfingstmontag, Gedenktag, Bundesfeiertag, Tag der deutschen Einheit, Nationalfeiertag, Totensonntag, Weihnachtsfeiertag, Buß- und Bettag, Maifeiertag und schlußendlich der allseits bekannte 'Scheiß'-Tag! Aber kein Wüstenrot-Tag!

Wie kommt das? Feiern nicht alle Menschen den Wüstenrot-Tag? Warum sollte man ihn auch feiern, denn oft sind Wüsten auch nicht rot, manche sind doch auch gelb (Sandwüste) oder weiß (Salzwüste)? Warum sollte dieser Tag also in meinem ewigen Kalender aufgenommen werden? Während für mich die Reime 'Spute dich, Ute!' und 'Gib Gas, Gustav!' noch einen gewissen Sinn machen, fällt mir auf meinen Namen Volker absolut kein Nutzreim ein, der mich in Richtung Wüstenrot bewegen lassen würde. Können Sie mir helfen? Ich bedanke mich schon jetzt für Ihre Bemühungen und verbleibe in freudiger Erwartung auf Ihre Antwort.

Mit freundlichen Grüßen und wüsten Gedanken, die mich erröten ließen.

**wüstenrot**

*Bausparkasse*
*Gemeinschaft der Freunde Wüstenrot*
*gemeinnützige GmbH*

***Werbeabteilung***

*Diesen Brief schreibt Ihnen Herr Poisel*
*Telefon-Durchwahl: (0 71 41) 16-4826*

*Wüstenrot, Wüstenrot Haus, 71630 Ludwigsburg*

Herrn
Volker Losch
An der Tränke 10

37079 Göttingen

| *Ihr Zeichen* | *Ihre Nachricht vom* | *Job order Nr.* | *Unser Zeichen* | *Datum* |
|---|---|---|---|---|
| | 4.3. 96 | | W POM | 19.03.96 |

Sehr geehrter Herr Losch,

danke für Ihren textstarken Brief vom 4. März dieses Jahres.
In der Tat: Wir mußten nicht nur schmunzeln - wir waren auch erstaunt über Ihren gewaltigen Wortschatz zum Thema "Tag". Ein Wortschatz, der uns wahrlich beeindruckt hat.

Es freut uns, daß Sie sich, wenn auch recht kritisch, mit unserer Werbung auseinandersetzen und sehen daran, daß Sie Wüstenrot nicht abgeneigt sind. Natürlich geben wir Ihnen Recht: Man kann alles noch ein wenig besser machen. Doch glauben Sie uns: Es ist gar nicht so einfach.

Gerade deshalb werden wir Ihre creativen Wortschöpfungen "über den Tag hinaus" aufbewahren. Vielleicht können wir einmal auf das eine oder andere von Ihnen zurückgreifen. Wenn dem so sein sollte, werden wir Sie natürlich informieren und Sie um Ihre werte Zustimmung fragen. Vorerst jedoch ist unsere Werbung für die nächsten Jahre schon in der Planungsphase.

In der Hoffnung, daß Sie an unserer zukünftigen Werbung mehr Freude haben, verbleiben wir

mit freundlichen Grüßen,

Wolfgang Deiß　　　　Manfred Poisel

PS: Als Dankeschön für Ihre Initiative beiliegend eine Wüstenrot-Telefonkarte

*Wüstenrot Haus*
*71630 Ludwigsburg*
*Telefon (07141) 16-1*
*Telefax (07141) 16-5308*

*Wüstenrot Bank Ludwigsburg 9 000 000 555 (BLZ 604 200 00)*
*Landeszentralbank Stuttgart 600 090 00 (BLZ 600 000 00)*
*Postbank Stuttgart 281 03-708 (BLZ 600 100 70)*

*Aufsichtsratsvorsitzender: Dr. Walter Seuferle*
*Geschäftsführer: Dr. Gert Haller, Hans Peter Kappes,*
*Dr. Rolf Kornemann, Hartmut Lechner, Klaus W. Rösch*
*Sitz Ludwigsburg, Amtsgericht Ludwigsburg HRB 143*

Göttingen, den 17.8.1995

Absender:
Volker Losch - An der Tränke 10 - 37079 Göttingen

An
Kurverwaltung

**D- 54595 Prüm**

Sehr geehrte Damen und Herren,

vor kurzem besuchten wir im Rahmen einer Wochenendfahrt auch die wunderschöne Landschaft der Eifel, so daß wir unter anderem auch durch Ihren Luftkurort fahren durften. Allerdings muß ich Ihnen mitteilen, daß ich von den Bewohnern der Eifel sehr enttäuscht bin, denn als ich mich mit der Frage nach der Hauptattraktion der Eifel erkundigte "Entschuldigung, wo finde ich denn hier den Eifelturm?", lachten mich die meisten Einheimischen nur verständnislos aus und fragten meist sehr rüde zurück: "Wollen Sie mich verar…, oder was?"

Ist das normal in Ihrer herrlichen Gegend, Touristen in dieser Art und Weise zu behandeln? Es ist doch wohl klar, daß wir in der relativ kurzen Zeit, die uns während dieser Fahrt zur Verfügung stand, die wichtigsten Sehenswürdigkeiten des Gebietes bewundern wollen. Und gerade der Eifelturm, der zur Weltausstellung extra von dem aus Prüm stammenden Ingenieur Gustav Turmeifel in das vulkanische Landschaftsbild eingepaßt wurde, ist doch ein weltberühmtes Kunstwerk. Angeblich sollen die Franzosen in einer Gartenkolonie ihrer Hauptstadt Paris auch so ein kleineres Modell aufgestellt haben, welcher allerdings auch mit Doppel-f geschrieben wird – aber wir wollten nun mal das Original sehen.

Haben Sie eine Erklärung, warum die Bewohner der Eifel so sauer auf meine Bemühungen um Auskunft reagierten? Mich hat aber auch erstaunt, daß Sie in Ihrer Stadt keine Postkarten des Eifelturmes zum Verkauf anbieten, denn dann hätte man eventuell selber den Weg zur berühmtesten Stahlkonstruktion der Welt finden können. Überraschenderweise konnten wir die Turmspitze auch nicht am Horizont ausmachen, so daß ich mich deshalb dazu entschlossen habe, diese Fragen nach der Reise schriftlich zu formulieren - wir sind nämlich ratlos. Deshalb verbleibe ich voller Vorfreude auf Ihre hoffentlich klärende Antwort und bedanke mich schon jetzt für Ihre Bemühungen.

Mit freundlichen Grüßen und voller Sehnsucht nach dem echten, wahren und originalen Eifelturm

**VERKEHRSAMT PRÜMER LAND**
**Haus des Gastes**
**Zimmervermittlung**
54595 Prüm / Eifel
Hahnplatz 1 · Tel. 06551/505 oder 1762 · Fax 06551/7640

DEUTSCH-BELGISCHER NATURPARK

Verkehrsamt Prümer Land · Hahnplatz 1 · 54595 Prüm

Herrn
Volker Losch
An der Tränke 10

37079 Göttingen

Prüm, 31.08.1995

Sehr geehrter Herr Losch,

vielen Dank für Ihr Schreiben vom 17.08.1995. Ich habe Ihren Brief aufmerksam studiert und war etwas verwundert über Ihre Aussage "Sie suchen den Eifelturm" in Prüm bzw. im Prümer Land.

Es ist kein Wunder, wenn die Bürger Ihnen etwas überrascht oder vielleicht sogar verärgert geantwortet haben, da wir mit einer Attraktion wie dem Eiffelturm nicht aufwarten können. Die Bewohner der Eifel sind im allgemeinen Touristen gegenüber sehr freundlich und erteilen auch gerne Auskunft über Ihre schöne Gegend.

Der Eiffelturm, das Original, steht seit dem Jahre 1889 in Paris/Frankreich und die Pariser sind sehr stolz auf diese Sehenswürdigkeit. Diese 300 m hohe Metallkonstruktion ist nach seinem Erbauer, **Gustave Eiffel, einem französichen Ingenieur**, benannt und wurde anläßlich der Weltausstellung 1889 errichtet.

Eine Nachbildung des Eiffelturmes wäre vielleicht in unserer Landschaft wünschenswert und als touristische Attraktion nicht zu verachten; nur leider konnten wir dies bis heute nicht verwirklichen.

Im Augenblick müssen Sie mit unseren vorhandenen Sehenswürdigkeiten, der St. Salvator-Basilika mit Kaiser-Lothar Grab, dem Gebäude der ehem. Benediktinerabtei nach Plänen von Balthasar Neumann erbaut (heute ein Gymnasium),

| | | | |
|---|---|---|---|
| Kreissparkasse Bitburg-Prüm | (BLZ 586 500 30) Kto. 50002807 | Raiffeisenbank Bleialf | (BLZ 570 696 32) Kto. 100546 |
| Volksbank Prüm e.G. | (BLZ 586 915 00) Kto. 10260000 | Raiffeisenbank Pronsfeld | (BLZ 570 698 58) Kto. 116003 |
| Raiffeisenbank Schönecken-Schwirzheim | (BLZ 586 628 92) Kto. 19 | Postgiroamt Köln | (BLZ 370 100 50) Kto. 35280-503 |

der Brunnenplastik am Teichplatz, dem Explosionskrater "Kalvarienberg" und der Kalvarienberg-Kapelle mit neugestaltetem Kreuzweg, der Infostätte "Mensch & Natur", dem Heimatmuseum Prüm, der Klosterkirche Niederprüm sowie dem Kurpark und schönen Wanderwegen rund um Prüm vorliebnehmen.

Anbei übersende ich Ihnen gerne die Informationsunterlagen über das "Prümer Land".

Mit freundlichen Grüßen

Verkehrsamt Prümer Land

Im Auftrag: Sternitzke
G. Sternitzke

Göttingen, den 28.3.1996

Absender:
Volker Losch - An der Tränke 10 - 37079 Göttingen

An
Philip Morris - Kundenberatung -
Fallstraße 40

**D- 81369 München**

Sehr geehrte Damen und Herren,

da ich ein begeisterter Kinogänger bin, komme ich auch sehr häufig in den Genuß, Ihre farblich und atmosphärisch äußerst beeindruckenden Werbefilme zu betrachten: Lagerfeuer, Pferde, atemberaubend schöne Landschaften, echte Männerfreundschaft und eine genüßliche Zigarette am Ende eines harten, schweiß- und viehtreibenden Tages. So ist es auch nicht verwunderlich, daß in mir der Wunsch nach einer Realisation Ihres Slogans "Come to Marlboro Country" erwuchs.

Gedacht, getan, schon war ich auf dem Weg in ein Göttinger Reisebüro, um meine Abenteuertour ins legendäre Marlboro Country zu buchen. Doch der Blick der Reisekauffrau nach der Äußerung meines tiefsten Wunsches zeugte von mehr als nur Unverständnis: "Wie bitte? Wo soll denn das sein? Unser Computer zeigt nur die Industriestadt Marl im Kreis Recklinghausen an – und da wollen Sie Urlaub machen?" Leicht irritiert ob der negativen Einstellung meines Gesprächspartners gegenüber meiner Frage, konnte ich nur den Spruch eines typischen Marlboro-Plakates zitieren: "Sie wissen schon, junge Frau: A timeless land. Where horses still run free. Where some men do what others only dream about." – "Ach so", war die mich erleichternde Reaktion der Reisekauffrau, "warum sagen Sie nicht gleich Thailand? Sextourismus ist heute doch ganz normal, das braucht Ihnen doch nicht peinlich sein! Hier haben wir ein paar schöne, günstige...!" – "Nein, nein!", fiel ich Ihr ins Wort, " nicht Thailand! Marlboro. Der Duft von Freiheit und Abenteuer!" – "Natürlich Freiheit und Abenteuer! Oder glauben Sie, irgendwo anders ist die Liebe freier und abenteuerlicher als in Thailand?" fragte Sie etwas gereizt und blätterte zügig und bestimmt in einem Reiseprospekt nach geeigneten Übernachtungsmöglichkeiten. Das war dann aber doch zuviel für mich, und sehr enttäuscht verließ ich wortlos den Ort des blanken Unverständnisses in Richtung nächstes Reisebüro.

Doch auch dort und noch in drei weiteren Büros erlebte ich genau die gleichen abweisenden Reaktionen der Kundenberater, so daß ich nunmehr keine andere Möglichkeit weiß, als direkt beim Präsidenten oder Staatschef des Marlboro Countries, Herrn Philip Morris, anzufragen: Wo liegt denn nun das Land von Freiheit und Abenteuer? Denn auch nach langen Recherchen auf Globus und in vielen, vielen Atlanten brachten außer das o. a. Marl im Ruhrgebiet, Marl-y bei Paris und Marl-in in Australien keine zufriedenstellenden Ergebnisse. Nirgendwo der kleinste Hinweis auf das Land meiner Wünsche und Träume, so daß ich Sie heute freundlichst um nähere Aufklärung und Hilfestellung bitten möchte. Hatten die naiven Reisebucher möglicherweise recht, und Marlboro Country ist tatsächlich ein Synonym für Thailand und dessen spezielle Qualitäten? Voller Hoffnung, schon bald meine Träume erfüllt zu sehen, verbleibe ich voller Vorfreude auf Ihre baldige Nachricht und bedanke mich schon jetzt für Ihre Bemühungen.

Mit freundlichen Grüßen auch von meinem Vorfahr John Churchill, dem Herzog von Marlborough.

IDE International Design
& Entertainment
Gesellschaft für Gestaltung
und Musikveranstaltungen
mbH

Flößergasse 7
81369 München

Telefon (089) 74 28 14 20
Fax (089) 74 28 14 14

Postfach 70 14 20
81314 München

Herrn Volker Losch
An der Tränke 10

37079 Göttingen

2. April 1996

Ihr Schreiben vom 28.3.1996

Sehr geehrter Herr Losch,

vielen Dank für Ihr ausführliches und interessantes Schreiben bezüglich Ihrer Reisebüroodyssee.

In einem hat der Computer der Reisebüros Ihnen die richtige Auskunft gegeben: Marlboro Country ist kein geographischer Begriff. Trotzdem: die Bilder, die Sie aus der Cigarettenwerbung kennen, gehören nicht nach Thailand sondern nach Amerika.

Wir als Tochterunternehmen von Philip Morris bieten in Zusammenarbeit mit Meier´s Weltreisen Reisen nach Amerika an. Im Süd-Westen der USA befindet sich z.B. "Monument Valley", die durch die Werbung und zahlreiche Kinofilme berühmt gewordenen Tafelberge (s. Seite 15, 34 oder 93 des beiliegenden Kataloges). Dort können Sie gemeinsam mit Indianern durch die Prärie reiten, River Rafting betreiben oder die unbeschreiblich schöne Landschaft per Jeep erkunden. Der Kernort ist Moab, ein kleines Städtchen in Utah, in dessen Nähe sich auch zahlreiche Ranches befinden.

Deutsche Bank AG
BLZ 700 700 10
Konto 190 794 800

Geschäftsführer:
Lothar Jehle, Sieglinde Pehl
Sitz der Gesellschaft:
München
Registergericht München
HRB 52 636

Schauen Sie einfach in unseren Katalog und nehmen Sie ihn das nächste Mal am besten mit ins Reisebüro. Die Reisen sind übrigens fast in allen Reisebüros buchbar.

IDE GmbH
Marlboro Reisen
- Marketing -

Claudia Küng

P.S. Als kleinen Vorgeschmack auf Amerika erhalten Sie anbei einige Kakteensamen aus dem Süd-Westen dieses einzigartigen Landes.

Göttingen, den 5.11.1995

Absender:
Volker Losch - An der Tränke 10 - 37079 Göttingen

An
AEG-Hausgeräte
Muggenhofer Straße 135

**D- 90429 Nürnberg**

Sehr geehrte Damen und Herren,

Ihr aktueller Werbespot zeigt die "Unerhört leise" Wirkungsweise der Waschmaschine Ökomat, indem mitten in einem Wald dieses weiße Metallgerät ganz, ganz leise eine gehörige Portion Schmutzwäsche zu reinigen scheint. Auch das herbeischleichende Reh stört sich nicht weiter an Ihrer Waschmaschine, sondern äst gemütlich weiter. Nun habe ich mir Ihren Spot des öfteren genauer betrachtet, und mit jedem Guckerlebnis steigt mir eine märchenhafte Welt in den Sinn: Denn ich habe mich gefragt, wer denn die Waschmaschine in Betrieb nahm, und wessen Wäsche wäscht der Ökomat just in diesem Augenblick?

Nun, mehrere Möglichkeiten erschienen mir schlüssig: Das Reh in Ihrem Werbespot könnte zum einen Bambi sein, das just in dieser Woche Schmutzwäsche-Dienst hat, und im Zuge dieser Arbeit die dreckigen Fellanzüge ihres Mitbewohners Klopfer reinigen muß. Dazu begibt sich Bambi in den hiesigen Waldwaschsalon, wirft eine Marke in das Gerät und verbringt die Wartezeit mit einem kleinen Äs-Imbiß. Eine zweite Möglichkeit ist, daß das Reh der verwandelte Bruder aus dem Märchen "Brüderchen und Schwesterchen" ist. Und als verzaubertes Reh hatte das liebe Brüderchen keine Gelegenheit, seine Schwester vor der AEG-Quelle zu warnen, die jeden Wassertrinker sofort in eine Ökomat-Waschmaschine verwandelt. An dieser Quelle befand sich ein Warnschild mit schwarzer Schrift auf gelbem Grund: "Trinken **A**uf **E**igene **G**efahr. Eltern haften für ihre Kinder!" Aber Schwesterchen hatte so einen großen Durst, daß sie sich nicht zurückhalten konnte. Und schon nach dem ersten Schluck ertönte ein lauter Knall - und sofort war eine Waschmaschine aus ihr geworden.

Allerdings stellt sich auch das technische Problem, mitten im Wald eine funktionstüchtige Waschmaschine zu installieren, denn wer verlegte den Strom- und Wasseranschluß? So besteht natürlich auch die Möglichkeit, daß die technisch versierten sieben Zwerge ihrem Schneewittchen die AEG-Waschmaschine Ökomat als Geburtstagsüberraschung schenkten, damit sie die viele Schmutzwäsche der kleinen Minenarbeiter nicht mehr von Hand waschen muß. Und das Reh ist genau jenes, das der Jäger tötete, um die Eingeweide des erlegten Rotwildes als Zeichen des Todes von Schneewittchen der bösen Königin überreichen zu können. Und so wäscht Schneewittchen über den sieben Bergen die sieben Blaumänner der sieben Zwerge sieben Tage die Woche - und wenn sie nicht in den Apfel beißt, wäscht sie noch heute.

Sie sehen, daß es einige logische Erklärungsmöglichkeiten gibt, aber ich bin mir nicht sicher, welche der aufgeführten Versionen die richtige sein könnte. Deshalb bitte ich Sie höflich und freundlich, mir doch die Wahrheit über die Waschmaschine im Wald mitzuteilen. Denn ich weiß mir keinen Rat mehr, so daß ich voller Vorfreude auf Ihre Antwort verbleibe und mich schon jetzt für Ihre Bemühungen bedanke.

Mit freundlichen und **A**usnahmslos **E**hrbaren **G**rüßen

AEG

AEG Hausgeräte GmbH, D-90327 Nürnberg

**Herrn**
**Volker Losch**
**An der Tränke 10**

**37079 Göttingen**

AEG Hausgeräte

Muggenhofer Straße 135
D-90429 Nürnberg

Telefon: (0911) 323-0*
Telefax: (0911) 323-1770*
Telex: 622561
BTX: * 43600 #

*Bitte Durchwahl beachten

U - Station: Eberhardshof (Linie 1, 11)

| Ihre Zeichen und Nachricht vom | Unsere Zeichen | *Telefon | *Telefax | Nürnberg |
|---|---|---|---|---|
| 08.01.96 | Schr.0228 | -1631 | -1420 | 25.01.96 |

**AEG Waschautomat**

Sehr geehrter Herr Losch,

wir freuen uns, daß unsere Werbung so nachhaltig gewirkt hat.

Wir müssen Sie aber etwas korrigieren, das Reh steht neben einem Geschirrspüler. Sicher kommt Ihnen nun ein anderes Märchen in den Sinn.

Ihre Phantasie hat uns gezeigt, daß das AEG Hausgerät im Wald am rechten Platz war. Leider läßt die Werbezeit nicht zu, die Leistung des Gerätes unter diesen Aufstellbedingungen unter Beweis zu stellen! Das zeigt aber die Praxis, bestätigt durch das Urteil der Stiftung Warentest.

Unsere märchenhafte Werbung hat mit den Märchen die Gemeinsamkeit, daß das Gute siegt. Und wenn der Zuschauer daran glaubt und sich für einen AEG Geschirrspüler entscheidet, ist unsere Werbeaussage richtig verstanden worden und unser Kunde außerdem gut beraten. Wir würden uns freuen, wenn wir Sie bald zu diesen Kunden zählen dürften.

Und wenn Sie demnächst eine Kuh neben dem Waschautomaten sehen, nehmen Sie es einfach, wie es ist; ein AEG Hausgerät ist für die Umwelt gemacht.

Mit freundlichen Grüßen

AEG Hausgeräte GmbH
Zentrale Konsumentenbetreuung

Lindenmayr      M. Schrade

i.A. Karl Lindenmayr      i.A. Monika Schrade

Vd 7900 H-N 50.000 9511 MG

AEG Hausgeräte GmbH

Vorsitzender des Aufsichtsrats: Leif Johansson
Vorstand: Carlhanns Damm, Vorsitzender; Otto Koehn, Helmut Sürie

USt-IdNr.: DE811683347

Sitz: Nürnberg
Amtsgericht: Nürnberg HRB 12802

Göttingen, den 14.1.1996

Absender:
Volker Losch - An der Tränke 10 - 37079 Göttingen

An
Seeberger Spezialitäten
Postfach 35 40

**D- 89025 Ulm**

Sehr geehrte Damen und Herren,

im Rahmen eines wissenschaftlichen Forschungsauftrages untersuche ich derzeit die Möglichkeit, alternative, umweltfreundliche Energiegewinnungstechniken zu erfinden und zu untersuchen. Dabei möchte ich das Prinzip der bekannten Kernreaktoren aufgreifen, wobei in meinem geplanten Kernkraftwerk die großen Gefahren und Probleme, wie Endlagerung der Brennstäbe oder das Entweichen radioaktiver Strahlung, möglichst ausgeschaltet werden. Dazu habe ich vor, das spaltbare Uranisotop 235 durch organisches Kernmaterial zu ersetzen.

Und genau das ist auch der Grund, warum ich mich mit diesem Problem an Ihre Adresse wende: Sie vertreiben mit Ihrem Produkt "Pistazienkerne" ein organisches und spaltbares Material, und da meine finanziellen Forschungsgelder arg beschränkt sind, möchte ich mit diesen Zeilen höflichst um die Ergebnisse Ihrer bisherigen Forschungen und Erfahrung bitten. Welche Kerne befinden Sie zur Kernspaltung am geeignetsten? Welche Energie ist nötig, um die Kernreaktion in Gang zu setzen? Welcher Moderator (Wasser oder Graphit) soll das Spaltmaterial umgeben? Wie groß und in welcher Anordnung muß das Kernmaterial vorliegen, um eine kontinuierliche Energieproduktion zu ermöglichen? Welche Art von Steuerstäben (Cadmium oder Bor) sorgt bei der Spaltung Ihrer Kerne für den Neutronenfluß?

Ich kann Ihnen versichern, daß sich mein Interesse einzig und allein auf die Kernspaltung zur alternativen Energiegewinnung beschränkt, so daß ich mich von der möglichen militärischen Nutzung Ihrer Kerne distanzieren möchte. Deshalb verbleibe ich voller Hoffnung auf eine Hilfestellung Ihres Unternehmens und bedanke mich schon jetzt für Ihre Bemühungen.

Mit kernigen Grüßen

seit 1844

**SEEBERGER Spezialitäten**

**Import von Trockenfrucht-Spezialitäten und Qualitätskaffee**

Seeberger KG
Postfach 3540
D-89025 Ulm

Hans-Lorenser-Straße 36

Telefon (0731) 4093-0
Telefax (0731) 4093-111
Telex 712665

Herrn
Volker Losch
An der Tränke 10

37079 Göttingen

Ihr Zeichen
Ihre Nachricht
Unser Zeichen DrR-k
Datum Faschingsdienstag, den 20.02.96

**Ihre Anfrage spaltbares Kernmaterial**

Sehr geehrter Herr Losch,

nicht nur die Pistazienkerne, auch unsere sämtlichen übrigen Kerne zeichnen sich durch hohen Energiegehalt aus. Der größte Vorteil dieser alternativen Kernbrennstoffe besteht darin, daß sie keinen neuen Reaktor bauen müssen, sondern daß jedermann bereits von Natur aus einen solchen besitzt, incl. aller Aufbereitungs- und Entsorgungseinrichtungen.

Als Aufbereitung eignet sich am besten das Zerkleinern zwischen den Zähnen, der beste Moderator scheint uns Speichel zu sein. Steuerstäbe sind überflüssig.

Ein unschätzbarer Vorteil ist die im Normalfall gegebene Entsorgungssicherheit sowohl des übrig bleibenden Materials (öffentliche Abwassereinrichtungen) als auch der ausgebrannten Reaktoren (Garten- und Friedhofsamt oder auch private Institute).

Zu Ihrem Bedauern müssen wir Ihnen allerdings mitteilen, daß wir eine militärische Nutzung nicht ausschließen können. Da unser spaltbares Kernmaterial nicht unter die diesbezüglichen gesetzlichen Überwachungsregelungen fällt und frei zugänglich ist, können und wollen wir einen Mißbrauch durch Militärangehörige aller Art nicht verhindern.

Mit wissenschaftlichen Grüßen

Seeberger KG

Dr. Julius Rohm

Göttingen, den 20.9.1995

Absender:
Volker Losch - An der Tränke 10 - 37079 Göttingen

An
Bahlsen

**D- 30001 Hannover**

Sehr geehrte Damen und Herren,

vor ca. einer Woche brachte mir meine Freundin eine Packung “Leibniz Butterkekse” mit, da sie um meine Vorliebe für dieses Backwerk weiß. Natürlich freute ich mich ungemein über dieses Mitbringsel, so daß ich diese Packung noch am gleichen Abend öffnete, um mir mein Fernseherlebnis mit dieser gar köstlichen Knabberei zu verschönern. Ein wunderbarer Tee ist die perfekte Ergänzung der “Leibniz Butterkekse”, so daß ich den ersten Keks voller Vorfreude auf den unverwechselbaren Geschmack mit meinen kräftigen Zähnen in zwei Teile trennen konnte. Doch das Geräusch kam mir ein wenig seltsam vor: es war nicht das unglaublich knackfrische Krachen eines echten “Leibniz Butterkekses”. Nein, auch der sich langsam entfaltende, etwas fade Geschmack stimmte nicht mit der köstlichen Würze eines original Leibniz überein. Was mußte ich tun? Na klar, ein Butterkeks von Leibniz ist nur echt mit 52 Zähnen - so jedenfalls heißt es in Ihrem Werbespot und ist auch schon oft von mir persönlich geprüft und für richtig befunden worden.

Also, flugs zählte ich die Zähne der mitgebrachten Kekse: 48,49,50…! Wo war der 51.? Abgebrochen war er sicherlich nicht, denn der Keks war unbeschädigt. Eine Fehlproduktion? Wohl auch nicht, denn alle anderen Kekse dieser Packung hatten auch nur 50 Zähne. “Eine Fälschung also!” schoß es mir durch den Kopf. “Aber die Verpackung schaut dem Original sehr, sehr ähnlich, und auch der Herstellername ist doch korrekt. Seltsam, seltsam!” Was blieb mir also anderes übrig, als das zu tun, was auch die Firma Rolex mit gefälschten Uhren gemacht hat: einstampfen! War zwar eine kleine Sauerei, aber diese plumpe Imitation, diese billige Kopie, dieses schlechte Falsifikat, dieses minderwertige Plagiat, dieser miserable Abklatsch hatte es nicht anders verdient - so! Hinfort mit euch Krümeln! In den Staubsaugerbeutel! Und möge euch die Finsternis für immer verschlingen!

Ich hoffe, daß ich ganz in Ihrem Sinne gehandelt habe, aber meine Wut war nicht aufzuhalten, und nur die Zerstörung dieser Kekspackung konnte mich einigermaßen beruhigen. Deshalb möchte ich Sie fragen, ob Sie schon öfter von billigen Fälschungen Ihres “Leibniz Butterkekses” informiert wurden. Falls ja, wäre es doch für die Zukunft angebracht, wenn sie fälschungssichere Kekse auf den Markt bringen: So kann man den Fälschern durch besondere Druckverfahren, graphische Techniken und Teigsorten mit Wasserzeichen doch den Garaus machen. Was halten Sie von meinem Vorschlag? Ich wäre Ihnen sehr dankbar, wenn Sie sich zu meinen Zeilen äußern könnten, so daß ich voller Vorfreude auf Ihre Antwort verbleibe und mich schon jetzt für Ihre Bemühungen bedanke.

Mit freundlichen Grüßen und einem lauten “Tod allen Leibniz-Butterkeks-Fälschungen!!!”

BAHLSEN KG

Herrn
Volker Losch
An der Tränke 10

37079 Göttingen

11. Oktober 1995
S/Q-ZQ-Jg-kie

Sehr geehrter Herr Losch,

daß Sie mit einem Artikel von uns nicht zufrieden waren, bedauern wir außerordentlich, da uns sehr daran liegt, daß jeder Konsument einwandfreie Ware erhält.

Es ist unser Prinzip, für berechtigt reklamierte Ware Ersatz zu leisten. Wir sind jedoch darauf angewiesen, daß diese Ware eingeschickt wird, denn nur so können wir einer Reklamation nachgehen.

Wir hoffen, Sie weiterhin zu den treuen Kunden unseres Hauses zählen zu können. Sollten Sie je wieder eine berechtigte Beanstandung haben, so bitten wir um Einsendung der reklamierten Ware.

Mit freundlichen Grüßen

BAHLSEN KG
ppa.

Dipl.-Chem. Maike Jung

0.0259 - 01.95

BAHLSEN KG
Podbielskistraße 289
30655 Hannover

Postfach 105
30001 Hannover

Tel. (0511) 960-0
Fax (0511) 960-2749
Telex 922252

Postbank
(BLZ 25010030)
Hannover 32-302

Bankverbindungen Hannover
Deutsche Bank (BLZ 25070070) 1930247
Stadtsparkasse (BLZ 25050180) 147400

Göttingen, den 26.9.1995

<u>Absender:</u>
Volker Losch - An der Tränke 10 - 37079 Göttingen

An
InformationsZentrum Beton
Postfach 51 05 66

**<u>D- 50941 Köln</u>**

Sehr geehrte Damen und Herren,

ich wende mich heute an Ihre Adresse, um Sie einem Problem in unserem Freundeskreis näher zu bringen, für dessen Lösung Sie unserer Meinung nach wohl am kompetentesten sind: Und zwar geht es um einen Fußbodenbelag, der allgemein als Linoleum bekannt ist. Nun hält sich in unserer Runde seit einiger Zeit aber das Streitgespräch, wie dieser Name Linoleum denn betont wird? Einige meinen, daß die zweite Silbe die Betonung trägt: Li-**no**-le-um. Andere meinen wiederum, daß die dritte Silbe stärker betont werden sollte: Li-no-**le**-um. Und die dritte Gruppe hält sich überhaupt nicht an die lateinische(?) Endung des Namens und glaubt aussprechen zu müssen: Linol-**äu**-m.

Und deshalb richten wir heute die Frage an Ihr Betonwerk, von dem wir hoffen, daß deren Mitarbeiter aufgrund ihrer beruflichen Qualifikation eine richtige Lösung zur Schlichtung dieses Streites anbieten können.

Ich bedanke mich schon jetzt sehr betont für Ihre Bemühungen und verbleibe in freudiger Erwartung auf ihre betont sachliche Antwort und Richtigstellung.

Mit freundlichen Grüßen und klingenden Silben

Informations
Zentrum
Beton

Herrn
Volker Losch
An der Tränke 10

37079 Göttingen

4. Oktober 1995

Sehr geehrter Herr Losch,

wir haben für Ihre Frage volles Verständnis und haben hier in Köln eingehend über Ihr Problem diskutiert. Obwohl es verschiedene Auffassungen gibt, tendiert die Mehrheit meiner Mitarbeiter für „Li-**no**-leum". Aber sicher sind wir uns leider nicht.

Wir können uns deshalb gut in Ihre Lage versetzen, weil wir fast das gleiche Problem haben - nicht nur im Fußbodenbereich, sondern bei tragenden und dekorativen Teilen über und unter der Erde, denn unser Baustoff ist nun einmal universell verwendbar. Wissen Sie es? Heißt es nun B**ä**dong oder Bä**ddo**ng oder Bé**ton** oder .... ? Vielleicht stellen Sie dieses Problem einmal in Ihrem Freundeskreis dar. Ansonsten darf ich Sie allerdings um Verschwiegenheit bitten, denn wir haben uns bis heute nicht öffentlich zu diesem Problem bekannt.

In diesem Sinne verbleiben wir mit *beton*t freundlichen Grüßen von Köln nach Göttingen

InformationsZentrum Beton

(Claus Schiffler)

**Beton – Es kommt drauf an, was wir draus machen**

InformationsZentrum Beton GmbH · 50 941 Köln, Postfach 51 05 66 · 50 968 Köln, Pferdmengesstr. 7 · Tel. (02 21) 3 76 56-0 · Fax 3 76 56 49
Beiratsvorsitzender: Dr. Michael Weißenborn · Geschäftsführer: Hans-Werner Ruhl · Claus Schiffler · Amtsgericht Köln HRB 177 55

Göttingen, den 23.9.1995

Absender:
Volker Losch - An der Tränke 10 - 37079 Göttingen

An
Toyota
Bachemer Landstraße 2

**D- 50931 Köln**

Sehr geehrte Damen und Herren,

heute entdeckte ich Ihre Annonce in der neuesten TV TODAY, mit der Sie den neuen Toyota Corolla anpreisen. Dazu heißt es:

"Der neue Corolla '95. 100 g schon ab 2,37 DM."

Das finde ich natürlich sehr günstig, denn so kosten z. B. 100 g Lauchkäse auch schon 2,99 DM - und mit diesem Streichkäse kann ich noch nicht mal kurz einen Freund in weiter Ferne besuchen fahren. Und da ich als Student mit jedem Pfennig rechnen muß, habe ich mir gedacht, daß ich im nächsten Monat auf meinen leckeren Lauchkäse verzichten werde, um mir ein bißchen Toyota Corolla zu kaufen.

Hiermit bestelle ich also genau 84,38 g Toyota Corolla, die nach Adams riesigen Taschenrechner genau zwo Mark kosten, die ich Ihnen diesem Schreiben in bar beigelegt habe. Das ist meiner Meinung nach die einfachste Möglichkeit. Meine Wunschfarbe ist blau-Metallic, die zwei Airbags hätte ich auch gerne, und die Gurtstraffer für Fahrer und Beifahren würden mich ebenfalls erfreuen.

Also bleibt mir nach dieser Bestellung von 84,38 g Toyota nichts anderes übrig, als voller Vorfreude auf das Eintreffen meines leichten Wunschautos zu warten und zu hoffen, daß diese bisher autolose Zeit schnell vorüber geht. Ich bedanke mich schon jetzt für Ihre Bemühungen und verbleibe

mit freundlichen Grüßen und gewichtigen Wünschen

TOYOTA

TOYOTA DEUTSCHLAND GMBH

Volker Lotsch
An der Tränke 10

37079 Göttingen

Datum: 09.10.1995
Zeichen: MW/RN-rt
Durchwahl: 2265

**Ihre Bestellung**

Sehr geehrter Herr Losch,

vielen Dank für Ihr Schreiben. Wir freuen uns immer über Zuschriften von potentiellen Kunden.

Ihre Bestellung von 84,38 g unseres TOYOTA Corollas, in Blau Metallic, mit zwei Airbags, sowohl Gurtstraffern für Fahrer und Beifahrer haben wir zur Kenntnis genommen.

Bedauerlicherweise haben wir keinen TOYOTA Corolla in Ihrer Wunschfarbe zur Verfügung. Aber vielleicht stimmen Sie uns zu, daß 145 g eines roten TOYOTA Supra 3,0 GT Turbo auch nicht zu verschmähen sind.

Anbei also besagtes TOYOTA Modell, mit welchem Ihre autolosen Tage nun der Vergangenheit angehören dürften.

Wir wünschen Ihnen viel Freude mit Ihrem neuen Modell.

Ihr Geld schicken wir zu unserer Entlastung zurück.

Mit freundlichen Grüßen

TOYOTA Deutschland GmbH
Marketing / Werbung

R. Tedd

Ralf Niessner        Roswitha Tedd

Vorsitzender des Aufsichtsrats: Masaharu Tanaka
Geschäftsführer:
Kiyoshi Hashimoto, Reinhard Berg, Karl-Heinz Engels, Kimiaki Kuroki, Yoshio Ishizaka
Sitz der Gesellschaft: Köln, Amtsgericht Köln HRB 4070

Hausanschrift:
Toyota Deutschland GmbH
Bachemer Landstraße 2
50858 Köln

Postanschrift:
Toyota Deutschland GmbH
Postfach 80 02
50201 Frechen

Tel. (0 22 34) 1 02 - 0
Fax (0 22 34) 1 02 - 70
Telex: 8 89 917 +
8 882 682

Banken:
Deutsche Bank AG Köln (BLZ 370 700 60) 107/97 89
WestLB Köln (BLZ 370 500 00) 190 363
Westd. Genossenschaftszentralbank eG Düsseldorf (BLZ 300 600 10) 264 874
Postgiro Köln (BLZ 370 100 50) 2447 10-500

Göttingen, den 28.9.1995

Absender:
Volker Losch - An der Tränke 10 - 37079 Göttingen

An
Ostfriesische Tee-Gesellschaft
Am Bauhof 13-15

**D- 21218 Seevetal**

Sehr geehrte Damen und Herren,

ich setze mich heute mit Ihnen in Verbindung, weil wir Ihr Unternehmen als kompetent befinden, unsere Tee-Fragen zu beantworten. Da Sie sich beruflich mit allen Tee-Problemen auskennen werden, haben wir berechtigte Hoffnung auf einen wahren Expertenrat!

Wir sind ein kleines Teetrinker-Kränzchen und beschäftigen uns schon lange mit dem köstlich aromatischen Getränk. Doch vorgestern brachte uns das neue Mitglied Walter wirklich in echte Panik und Angst um unser heiß geliebtes Aufgußgetränk. Er berichtete von einem Schädling, der alle Teeplantagen der Welt befallen hat, und gegen den es keinen Schutz gibt:

der Teenager!

Seinen Namen erhielt dieses mäuseähnliche Tier, weil er an den Wurzeln der auf 1-1,5 Meter Höhe zurückgeschnittenen Teegewächse nagt (Tee-Nager), so daß schon nach kurzer Zeit die gesamte Pflanze abstirbt. Können sie die Nachricht Walters bestätigen? Werden wir in naher Zukunft keinen Tee mehr trinken können, weil der Teenager alle Bestände Asiens zerstört haben wird?

Nun möchte ich Ihnen noch weitere uns bewegende Fragen stellen, die wir in der Teegruppe bisher noch nicht lösen konnten:

Wer hat das Teesteuer in der Hand, und wohin wird dieser Steuermann den Tee lenken?

Was für ein Tee ist der Komi-Tee?

Wofür steht der Buchstabe ‘r’ in der Bezeichnung Tee-r? Gibt er die Trocknungsdauer mit Heißluft an (Firing)? Oder bestimmt er den Fermentierungsgrad?

Ist der 128 km lange Fluß im Nordosten England der Fluß mit dem besten Teewasser der Welt und wird deshalb auch Tees genannt?

Ich hoffe, daß diese Fragen eine würdige Antwort Ihrer Tee-Experten erhalten, denn wir haben unsere Köpfe schon des öfteren darüber zerbrochen, ohne jemals eine Lösung gefunden zu haben. Vielleicht können Sie ja dafür sorgen, daß uns ein Teelicht aufgehen wird. Deshalb verbleibe ich voller Vorfreude und voller Hoffnung auf Ihre klärende Antwort und bedanke mich schon jetzt für Ihre Bemühungen

Mit freundlichen Grüßen auch von unserem ersten Vorsitzenden des Tee-Kränzchens, der übrigens ein Tee-gern-Seher ist.

OSTFRIESISCHE TEE-GESELLSCHAFT LAURENS SPETHMANN

Herrn
Volker Losch
An der Tränke 10

37079 Göttingen

Seevetal, den 10. Oktober 1995
Durchwahl: 04105/504-654
Fax.-Nr.: 04105/504-499
HK/aw

Sehr geehrter Herr Losch,

wir haben uns über Zuschrift vom 28.09.1995 sehr gefreut und möchten Ihnen gerne umfassend zu den vielen Teeproblemen mit Rat und Tat zur Seite stehen, obwohl wir selber bis heute zu vielen Fragen keine ausreichende Antwort finden konnten.

Es freut uns natürlich sehr, daß Ihr Teetrinker-Kränzchen den wahren Teegenuß pflegt und eine gute Nachricht wollen wir doch gleich weitergeben:

Der Teenager stellt wohl keine ernstzunehmende Gefahr dar, zumal er seit Erscheinen der späten 50er Jahre dem Getränk mit drei Buchstaben eigentlich nur positive Impulse gegeben hat, wenn wir z.B. an die sogenannte Teewelle des Aromatisierens denken, die gerade von den Teenagern ausging und ausgiebig gepflegt wurde. Vergessen sollte man auch nicht, daß diese Gruppe heute schon "in their forties and fifties" ist.

Ihre weiterhin aufgeworfenen Fragen verwirren uns genauso wie Sie. Die Welt ist einfach zu aufregend, um viele Dinge zu begreifen. Ganz gleich, ob wir nur über den eigenen Tassenrand gucken, oder aber auch ins europäische Ausland gehen (Holland, Frankreich) oder gar an das Reich der Mitte China und Japan zu Hilfe nehmen, es entstehen mehr Fragezeichen als Lösungen:

Ich frage mich z.B. auch, ob ich nur mit einem Thema in ein Theater gehen kann, ob ich Theologie studieren muß, um Theorien zu begreifen. Vielleicht muß ich sogar eine Therapie über mich ergehen lassen, ob ich nun an der Themse wohne, ein T-Shirt trage, Karate ausübe, in der Schweiz in einem Chalet wohne, meine Wohnung mit Teak einrichte, evtl. in einem Team arbeite und einen Chapeau trage, ich kann mir nicht helfen, mit jeder Tasse Tee, die ich trinke, wird ein weiteres Loch aufgerissen.

Meßmer · Original Bünting/Onno Behrends Tee · MILFORD

Ostfriesische Tee-Gesellschaft Laurens Spethmann · Am Bauhof 13-15 · D-21218 Seevetal · Postfach 11 63 · D-21206 Seevetal
Tel. 04105 / 504-0 · Tlx. 2 182 702 otg d · Fax 04105 / 62 40
Bank: Vereins- und Westbank 50 402 040 (BLZ 207 300 00) · Bayerische Hypotheken- und Wechselbank Hamburg 2 100 164 607 (BLZ 200 208 60)

OSTFRIESISCHE TEE-GESELLSCHAFT LAURENS SPETHMANN

- 2 -

Meine ostfriesische Freundin Thekla und deren Freundin Theda sind leider auch keine große Hilfe gewesen. Ein weiterer guter Freund arbeitet beim THW und trinkt angeblich sehr gerne Bier, dagegen ist mir schon klar, welchen Stellenwert unser geliebtes Getränk im TEE hat.

Auch das TV-Programm konnte mir bislang noch keine Lösung bieten. Immerhin konnte ich dort der großartigen Stimme von Renata Tebaldi lauschen und auch einen Bericht über Marc Chagall verfolgen. Nahezu frustriert bin ich darüber, daß gerade aus dem Kaffee-produzierenden Südamerika der Cha-Cha-Cha zu uns gekommen ist.

Sollte Ihnen nun jedoch das beruhmte Teelicht aufgegangen sein, wäre ich für ein Telefax wirklich dankbar.

Ihnen und Ihrem erlauchten Tee-Kränzchen herzlichste Grüße

Ihre

**O T G**
OSTFRIESISCHE TEE-GESELLSCHAFT
Laurens Spethmann

i.A. Helmut Kaufmann
Ostfriesischer Tee-Experte

Meßmer · Onno Behrends Tee · MILFORD

Ostfriesische Tee-Gesellschaft Laurens Spethmann · Am Bauhof 13-15 · D-21218 Seevetal · Postfach 11 63 · D-21206 Seevetal
Tel. 04105 / 504-0 · Tlx. 2 182 702 otg d · Fax 04105 / 62 40
Bank: Vereins- und Westbank 50 402 040 (BLZ 207 300 00) · Bayerische Hypotheken- und Wechselbank Hamburg 2 100 164 607 (BLZ 200 208 60)

Göttingen, den 1.11.1995

Absender:
Volker Losch - An der Tränke 10 - 37079 Göttingen

An
Dannemann GmbH
Moods

**D- 32310 Lübbecke**

Sehr geehrte Damen und Herren,

in Ihrer Anzeige kündigen Sie mit großen Lettern an, daß Moods mir meinen Hund zurückbringt, weil er aufgrund des feinen Aromas Ihrer Cigarillos nie mehr die Nase rümpfen wird, sondern mir sogar jeden Morgen meine Moods ans Bett bringen soll. Nun ja, die positive Nachricht ist, daß mein Hund tatsächlich wieder im heimischen Körbchen weilt, aber ich mußte auch eine durchaus negative Begleiterscheinung feststellen:

Mein großer Vorrat an Moods-Cigarillos schien rapide zurückzugehen, obwohl ich mich strikt an einen Rauchplan halte. Ich fragte meine Frau und meinen 5jährigen Sohn, ob sie mir heimlich einige Cigarillos aus der Vorratsdose gestohlen haben, aber sie verneinten auch nach Androhung von körperlicher Gewalt. Und gestern erwischte ich zufällig den wahren Täter: Unsere Mischlingshündin Agathe schlich sich an meinen Schrank, öffnete ihn geschickt und sehr behutsam, griff sich eine Packung Moods und stahl sich auf Zehenspitzen vondannemann. Leise verfolgte ich ihre weiteren Bewegungen, die sie in den Keller führten. Flugs holte sie ein Feuerzeug aus ihrem Fellportemonnaie und entzündete sich eine duftende Tabakstange. Man sah deutlich an ihrem entspannten Grinsen, wie sehr Agathe den ersten Zug genoß, so daß sich auch hier wieder einmal Ihr Slogan bewahrheitete:

"Irgendwann raucht jedermann
seine erste Dannemann
- sogar Agathe steckt sich eine an!"

Natürlich war ich leicht geschockt von der unerwarteten Entdeckung, denn ich hatte unserer Hündin weder einen Cigarillo-Diebstahl noch einen lungenzüglichen Gebrauch meiner unwiderstehlich duftenden Moods zugetraut. Deshalb möchte ich Sie heute fragen, wie ich denn Ihrer Meinung nach reagieren sollte? Schließlich sind Sie ja nicht ganz unschuldig an meiner Situation. Oder haben Sie möglicherweise schon ähnliche Erfahrung mit 'auf-den-Hund-gekommenen' Cigarillos machen können? Ich wäre Ihnen wirklich sehr dankbar, wenn sie mir in dieser Situation Hilfestellung leisten könnten. Deshalb verbleibe ich voller Vorfreude auf Ihre rat- und tatkräftige Unterstützung und bedanke mich schon jetzt für Ihre Bemühungen.

Mit freundlichen Grüßen, auch von unserer genüßlich dampfenden Agathe,

DANNEMANN

El noble cigarro

DANNEMANN CIGARRENFABRIK GMBH · POSTFACH 1247 · D-32292 LÜBBECKE

Herrn
Volker Losch
An der Tränke 10

37079 Göttingen

TELEFON: (0 57 41) 3 26 - 0
TELEFAX: (0 57 41) 3 26 - 2 99
ANSCHRIFT: RAHDENER STRASSE 147, D - 32312 LÜBBECKE

DRESDNER BANK AG, LÜBBECKE (BLZ 490 800 25) 3 125 300 00
DEUTSCHE BANK AG, LÜBBECKE (BLZ 490 700 28) 3 113 800
POSTBANK HANNOVER (BLZ 250 100 30) 18 02 - 306

| IHRE ZEICHEN | IHRE NACHRICHT VOM | UNSERE ZEICHEN | DURCHWAHL | LÜBBECKE, |
|---|---|---|---|---|
| | | str | | 22. November 1995 |

Sehr geehrter Herr Losch,

Ihre Agathe ist wirklich eine bemerkenswerte Hundepersönlichkeit, die nicht nur einen außergewöhlichen IQ zu haben scheint, sondern auch einen ausgeprägten Sinn für die „highlights" menschlicher Genußkultur. Sie ist der lebende Beweis dafür, daß Hunde ihren Menschen durchaus ebenbürtig sind und ihnen an Verschlagenheit in nichts nachstehen. Ja, wir stellen sogar die These auf, Hunde sind uns Menschen in gewisser Weise überlegen. Wie sonst hätte es Agathe geschafft, Sie mit hündischer Raffinesse so perfekt auf eine falsche Fährte zu führen und das intelligent gesponnene Intrigennetz gegen Ihre Familie so schamlos harmlos zu genießen? Sie können wirklich stolz sein auf Ihre Hündin.

Doch nun zu Ihrem Problem. Wir verstehen sehr gut, daß Sie Ihre Leidenschaft für MOODS Cigarillos auf gar keinen Fall mit einem Hund teilen möchten. Auch wenns der eigene ist. Verteidigen Sie Ihr liebgewordenes Privileg mit allen Tricks menschlicher Intelligenz. Lassen Sie es sich auf keinen Fall streitig machen- kämpfen Sie wie ein Hund. Unser Tierpsychologe hat sich mit diesem seit einiger Zeit immer häufig auftretenden Phänomen wissenschaftlich auseinandergesetzt und gibt Ihnen folgenden Rat:

1. Schritt: Machen Sie sich über die Lieblingskekse Ihrer Agathe her, und zeigen Sie ihr dann schmatzend und achselzuckend die leere Packung. So machen Sie ihr unmißverständlich Ihre Gefühle klar.

2. Schritt: Bieten Sie Agathe nach dem Abendessen ganz überraschend eine MOODS an. Sie wird irritiert sein und sich ertappt fühlen. Wenn sie schlau ist, wird sie das Klauen lassen.

3. Schritt: Klaut Sie weiter, dann filmen Sie Agathe mit versteckter Kamera. Stellen Sie sie anschließend vor der ganzen Familie bloß. So demonstrieren Sie ihr Ihre Überlegenheit.

SITZ DER GESELLSCHAFT LÜBBECKE · AMTSGERICHT LÜBBECKE HR B 1521
GESCHÄFTSFÜHRER: CHRISTIAN BURGER, MAX BURGER, FRIEDHELM FRANKE (VORS.)

DANNEMANN
El noble cigarro

Seite 2

Sollte Agathe jetzt sauer auf Sie sein, dann bitten Sie sie zu einem Gespräch unter vier Augen -von Mann zu Hund. Machen Sie ihr ein ganz persönliches Geschenk (wir haben eins vorbereitet). Wie alle Frauen, wird sie von dieser Geste sehr gerührt sein. Gehen Sie liebevoll auf Sie ein, und werben Sie um Verständnis für Ihre Situation. Sie wird Sie verstehen und auf Ihre Wünsche eingehen.

Wir hoffen, daß Sie von unseren Tips jetzt tatkräftig Gebrauch machen und der gewünschte Erfolg sich bald einstellen wird. Genießen sie auch weiterhin das feine Aroma und den unwiderstehlichen Duft von MOODS und verzeihen Sie Agathe ihre Unverfrorenheit.

Es grüßt Sie herzlich
Ihr MOODS Lebenshilfe-Team

Petra Struckmeier

Anlage:
Original-Moods-Packung
für Agathe

Göttingen, den 21.9.1995

Absender:
Volker Losch - An der Tränke 10 - 37079 Göttingen

An
Börner GmbH

**D- 12347 Berlin**

Sehr geehrte Damen und Herren,

gestern entdeckte ich zufällig Ihre Anzeige in der GLÜCKS-REVUE, mit der Sie auf Ihr Produkt "Sanhelios 333" aufmerksam machen. Mir fällt dabei sofort die Eselsbrücke "Drei, Drei, Drei: Issos Keilerei!" ein: Der Sieg an dem kleinen Fluß Granikos nordwestlich Kleinasiens öffnete Alexander den Weg nach Süden und brachte die kleinasiatische Küste in seine Hand, so daß die persische Flotte dort keinen geeigneten Hafen mehr hatte. Der persische König Darius III. (wieder eine Drei) trat mit etwa 3 x 33 333 (ja, Wahnsinn!) Mann dem über den Taurus nach Kilikien vordringenden Alexander entgegen, verlor aber die Schlacht in der Strandebene von Issos und mußte fliehen. Freiwillig öffneten die phönikischen Städte Alexander ihre Tore. Nur Tyros weigerte sich, den König einzulassen, und wurde erst nach harter Belagerung erobert.

Die großen Erfolge Alexanders muß ich jetzt nicht weiter ausführen, aber für mich stellt sich die Frage, ob er und seine Soldaten die legendäre Issos-Keilerei nur deshalb gewannen, weil sie "Sanhelios 333" als kleinen Leistungs-Aktivator nutzten und damit außerdem noch der Arterienverkalkung vorbeugten? Standen die Soldaten nur dank "Sanhelios 333" die langen Märsche, die Belagerungen und die anstrengenden Kampfeshandlungen durch? Trugen die Soldaten und Alexander der Große während der Schlachten einen Sportanzug oder einen Helm mit Ihrem Logo "Sanhelios 333"? Nutzten Sie diesen Feldherrn schon vor 2328 Jahren als Werbeträger? Wäre ohne Ihr Alexander-der-Große-Sponsoring die Issos-Schlacht ganz anders verlaufen? Existiert noch Fotomaterial von Alexander dem Großen, wie er ein Schwert mit einer "Sanhelios 333"-Gravur präsentiert? Oder besitzen Sie womöglich noch ein original Alexander-der-Große-T-Shirt mit Flockaufdruck "Sanhelios 333", das er während der Issos-Schlacht trug?

Fragen über Fragen, um deren Beantwortung ich sie höflich bitten möchte. Denn wenn meine Vermutungen stimmen, müssen die Geschichtsbücher wohl umgeschrieben werden. Deshalb verbleibe ich in freudiger Erwartung auf Ihre Antwort und bedanke mich schon jetzt für Ihre Bemühungen.

Mit freundlichen Grüßen, auch an Alexander und König Darius III.

**Börner GmbH**
**Berlin und Calw-Altburg**

Börner GmbH · Postfach 47 02 61 · 12311 Berlin

Herrn
Volker Losch
An der Tränke 10

37079 Göttingen

Telefon: (030) 6 00 00 10
Telefax: (030) 6 06 10 85
Telex: 1 83 478 sanhe d

| Ihre Zeichen | Ihre Nachricht vom | Unsere Zeichen | Tag |
|---|---|---|---|
| | 21. September 1995 | Za/Lo | 4. Oktober 1995 |

**Sanhelios 333 Knoblauch-Kapseln + Mistel + Weißdorn**

Sehr geehrter Herr Losch,

wir danken Ihnen für Ihre Zuschrift zu unserem Präparat „Sanhelios 333", dessen Inhalt bei uns die Vermutung aufkommen läßt, daß Sie über Teilinformationen aus unserem geheimen Firmenarchiv verfügen.

Die Verwendung von Firmenlogos etc. durch Alexander dem Großen können wir mit Sicherheit ausschließen, da dieser nur an einer Geheimhaltung interessiert sein konnte.

Wie Sie sicher wissen, war im Jahre 333 die Gelatine, aus der heute die Hüllen unserer Kapseln hergestellt werden, noch nicht erfunden, so daß diese noch aus Metall gefertigt waren.

Bei der Betrachtung unserer Sanhelios 333-Kapseln fällt Ihnen nun sicher deren ausgesprochen aerodynamische Form auf ... und nun ist schon fast alles offengelegt.

Die Erfolge Alexander des Großen beruhen, wie wir anhand alter Telefaxe belegen können, auf der großen Durchschlagskraft unserer Kapseln beim Einsatz als Geschosse in historischen Schleudern.

Diese Information bitten wir allerdings vertraulich zu behandeln, da wir eine derartige Zwecksentfremdung unseres Präparates in der heutigen Zeit vermeiden möchten, die auch durch das Arzneimittelgesetz nicht abgedeckt wäre.

Für weitere Informationen zu „Sanhelios 333" fragen Sie bitte Ihren Arzt oder Apotheker.

Mit freundlichen Grüßen

**Börner GmbH**

i. V.
Zameitat

i. V.
Dr. Mautner

Hausadresse:
Börner GmbH
Moosrosenstraße 7–13
12347 Berlin

Postanschrift:
Börner GmbH
Postfach 47 02 61
12311 Berlin

HRB 11308
AG Charlottenburg
Geschäftsführer:
Hermann F. Börner,
Peter Potzern

Postbank Berlin
(BLZ 100 100 10)
Konto-Nr. 234 56-101

Berliner Bank AG
(BLZ 100 200 00)
Konto-Nr. 1 771 610 100

Telefon: (030) 6 00 00 10
Telefax: (030) 6 06 10 85
Telegramm-Adresse: sanhe Berlin
Telex: 1 83 478 sanhe d

Göttingen, den 23.10.199

Absender:
Volker Losch - An der Tränke 10 - 37079 Göttingen

An
HOGA GmbH
Heizkörperverkleidungen
Türkenstraße 26

**D- 80333 München**

Sehr geehrte Damen und Herren,

endlich stoße ich auf Ihre Adresse und somit auf die von Ihnen angebotenen Leistungen! Der letzte Karneval war wirklich wieder sehr schrecklich anzuschauen. Die Närrinnen und Narren haben einfach keine Phantasie mehr: Entweder setzen sie sich nur eine bloße Narrenkappe auf den Kopf oder verkleiden sich geschmack- und einfallslos als Cowboy, Sträfling, Indianer oder Pirat. Ich finde diese Kostümierungen sehr unlustig und extrem langweilig, so daß ich Ihr Angebot als einen wahren Lichtblick in dem phantasiedunklen Karneval empfinde. Doch wie genau ist das Kostüm "Heizkörper" konzipiert? Ist es Ihnen vielleicht möglich, mir eventuell Fotos von als Heizkörper kostümierten Personen zuzuschicken? Dann würde es mir leichter fallen, mich bezüglich des Erwerbs eines Ihrer Heizkörperverkleidungsstücke positiv zu entscheiden. Sie werden verstehen, daß ich nicht gewillt bin, die sprichwörtliche Katze/Heizkörper im Sack zu kaufen.

Ansonsten kann ich Sie aufgrund Ihrer genialen Verkleidungsidee nur beglückwünschen, denn das zeugt von Ihrer ausgesprochen gut ausgebildeten Phantasie und der Ablehnung des Normalen, Langweiligen und Öden. Vor zwei Jahren verkleidete ich mich als Dusche, doch da ich das Kostüm in Eigenregie anfertigen mußte, war es nicht ganz perfekt, aber trotzdem lustig anzuschauen. Doch im nächsten närrischen Jahr möchte ich unbedingt in einem ebenso perfekten wie außergewöhnlichen Kostüm auftreten, so daß ich ganz fest auf Ihre Hilfe hoffe.

Deshalb bedanke ich mich schon jetzt für Ihre Bemühungen und verbleibe voller Freude auf Ihre weiteren Informationen und Ihre Antwort.

Mit freundlichen und närrischen Grüßen

# HOGA GmbH

## Heizkörperverkleidungen

- Innenausstattung
- Jalousien
- Rolladen
- Markisen

HOGA GmbH · Türkenstraße 26 · 80333 München

**Herrn**
**Volker Losch**
**An der Tränke 10**

**37079 Göttingen**

den 25. Oktober 1995

**Betr.:** Ihr Schreiben vom 23.10.1995.

Sehr geehrter Herr Losch,

anbei erhalten Sie in Prospektform die Modelle, mit denen man jeden, auch noch so unförmigen Körper, verkleiden kann.
Leider sind uns Ihre Körpermaße nicht bekannt, so daß wir Ihnen kein konkretes Angebot unterbreiten können.
Sollte Ihnen jedoch eines dieser in unserem Angebot befindlichen Kostüme gefallen, so senden Sie uns bitte Ihre Körpermaße und die Verkleidungsnummer, damit wir Sie für die nächste Saison ausrüsten können.

Mit freundlichen Grüßen.

H.Gaßner

Telefon 0 89 / 2 80 23 33
Telefax 0 89 / 2 80 23 44
Autotel. 0172 / 8 98 39 20

Dresdner Bank
BLZ 700 800 00
Konto 062 802 5000

Postbank München
BLZ 700 100 80
Konto 4474 14-801

Handelsregister München
HRB 100775
Geschäftsführer: Horst Gaßner

Göttingen, den 31.8.1995

Absender:
Volker Losch - An der Tränke 10 - 37079 Göttingen

An

H. Zenker GmbH & Co. KG
Postfach 11 07

**D- 86542 Aichach**

Sehr geehrte Damen und Herren,

gestern erwarb ich aus Ihrer sehr breiten Produktpalette eine Springform, die ich heute allerdings reklamieren möchte. Denn als ich am Abend einen wunderbaren Nußkuchen backen wollte und dazu die neue Leifheit Springform von der Verpackung befreite, habe ich mich so erschrocken, daß ein gellender, markerschütternder Schrei die Mitbewohner des Hauses an ein Verbrechen glauben ließ. Was war passiert? Mit einem Ruck befreite sich Ihre Springform aus meinen Händen und sprang wie wild durch die Küche. Ich versuchte natürlich, die Springform, die sich anscheinend ihres Lebens über die gewonnene Freiheit freute, wieder einzufangen, doch dieser Plan gestaltete sich sehr schwierig. Denn die Springform war wirklich sehr flink und hatte ausgesprochen schnelle Reflexe, so daß während der wilden Jagd durch die Wohnung einige Gegenstände umfielen und mit lautem Geschepper aufschlugen. Kein Wunder also, daß nach meinem Schrei und den folgenden Kampfgeräuschen die Polizei vor der Tür stand. Und dank der uniformierten Freunde und Helfer gelang es mir dann endlich, die Springform zu fangen und in einen Schrank zu sperren. Aber mein Backplan war damit hinfällig.

Wie Sie sich vorstellen können, habe ich nun einige Fragen an Ihr Unternehmen, das jene Springform vertreibt: Ist es möglich, daß meine Springform nicht ausreichend genug dressiert und ausgebildet wurde? Ist Sie möglicherweise zu früh in den Handel gelangt? Oder kommt es öfter vor, daß einige Springformen durch deren Temperament gar nicht zu zähmen sind und sich somit auch nicht für den Haushalt eignen? Freunde haben mir erzählt, daß deren Springformen sehr ruhig im Schrank auf ihren Einsatz warten und nur gelegentlich einen kleinen Sprung oder Hüpfer wagen. Aber eine derartig wilde Springform ist auch ihnen völlig unbekannt.

Voller Vorfreude auf Ihre klärende Antwort verbleibe ich mit freundlich springenden Grüßen und bedanke mich schon jetzt für Ihre Bemühungen.

H. Zenker GmbH & Co. KG
Metallwarenfabrik

86551 Aichach
Postfach 1107
Oberbernbacher Weg 4

Telefon 0 82 51/90 03-0
Telefax 0 82 51/90 03-90
Telex 5 39 408

H. Zenker GmbH & Co. KG · Postfach 1107 · 86542 Aichach

Herrn
Volker Losch
An der Tränke 10

37079 Göttingen

| Ihr Zeichen | Ihr Schreiben | Unser Zeichen | Datum |
|---|---|---|---|
| | | Ri/up | 09.10.1995 |

Betr.: **Reklamation**

Sehr geehrter Herr Losch,

wir bedauern sehr, daß Sie mit einem Produkt aus unserem Hause Probleme hatten. Leider können wir trotz schärfster Warenausgangskontrollen nicht verhindern, daß nicht ordnungsgemäße Artikel unser Haus verlassen.

Um die genaue Ursache Ihrer Reklamation prüfen zu können, bitten wir Sie, uns die reklamierte Backform unfrei einzusenden. Bitte legen Sie Ihre genaue Anschrift mit in die Retoure. Nach Erhalt werden wir Ihnen kostenlosen Ersatz liefern.

Inzwischen verbleiben wir

mit freundlichen Grüßen

H. ZENKER GMBH & CO. KG
Backformen

i.A. Ulrike Philipp

100 JAHRE
Backform-Tradition verpflichtet

Meisterlich backen

Göttingen, den 15.3.1995

Absender:
Volker Losch - An der Tränke 10 - 37079 Göttingen

An
Bundesverband der Deutschen
Volks- und Raiffeisenbanken
Heussallee 5

**D- 53113 Bonn**

Sehr geehrte Damen und Herren,

schon seit längerer Zeit betrachte ich Ihre Werbeplakate und Fernsehspots mit großem Interesse, denn der Slogan "Wir machen den Weg frei" gefällt mir ausgezeichnet, und auch die Umsetzung dieser Intention in bewegte oder starre Bilder ist äußerst gelungen.

Nun möchte ich Ihnen aber ein Problem mitteilen, zu dessen Lösung ich die von Ihnen angebotene Hilfe benötige: da ich geschäftlich oft und auch lange unterwegs bin, verbringe ich viel Zeit auf den Autobahnen. Und dabei kommen mir immer wieder notorische Schleicher in alten Karren in die Quere, die mir die freie Fahrt und ein schnelleres Vorankommen bewußt oder unbewußt unterbinden. Sehen Sie hier eine Möglichkeit, mir den Weg freizumachen?

Auch wenn ich am Wochenende mal auf die Piste gehe, treffe ich sehr oft auf Türsteher, die mir aufgrund meines schmuddeligen Äußeren oft den Eintritt in ein Etablissement verwehren. Haben Sie hier vielleicht einen adrett gekleideten, kräftigen und jungen Mann in Ihrem Haus, der mich am Wochenende begleitet, finanziell aushält und mir den Weg freimacht?

Falls Sie für die Bearbeitungen meines Wunsches nicht zuständig sein sollten, wäre ich Ihnen sehr dankbar, wenn Sie dieses Schreiben an die verantwortliche Stelle weiterleiten könnten. Ansonsten verbleibe ich in freudiger Erwartung auf Ihre Antwort und bedanke mich schon jetzt für Ihre Bemühungen.

Mit freundlichen Grüßen

BVR

**Bundesverband der Deutschen Volksbanken und Raiffeisenbanken · BVR**

BVR · Postfach 120440 · 53046 Bonn

Herrn
V. Losch
An der Tränke 10

37079 Göttingen

Heussallee 5 · 53113 Bonn
Postfach 120440 · 53046 Bonn
Telefon: (0228) 509-0 · Durchwahl: 509- 246
Telefax: (0228) 509201
Telex: 886779

Ihre Zeichen
Ihre Nachricht
Unsere Zeichen Ra-se
Aktenzeichen
Datum 17.03.1995

Sehr geehrter Herr Losch,

vielen Dank für Ihr Schreiben vom 15.03.1995. Wir freuen uns, daß Ihnen unsere Werbung "Wir machen den Weg frei" gefällt und Sie über Interpretationsmöglichkeiten nachgedacht haben.

Die Mitarbeiter in unseren Mitgliedsbanken machen Ihnen den Weg frei, in erster Linie natürlich, soweit es um finanzielle Angelegenheiten geht. Zu Ihrem Problem "Türsteher": Sprechen Sie doch einmal mit einer genossenschaftlichen Bank in Ihrer Nähe über mögliche Sparprogamme. Systematisches Sparen wird Sie schon nach kurzer Zeit in die Lage versetzen, eine angemessene Kleidung zu kaufen und somit Eintritt in das gewünschte Lokal zu erhalten.

Für die Lösung der Verkehrsprobleme sind wir leider nicht zuständig. Vielleicht ein Tip von uns: Benutzen Sie ab und zu die Bundesbahn.

Zu Ihrer Information haben wir die Kopie eines Prospektes beigefügt, dem Sie entnehmen können, was wir mit unserem Werbeslogan ausdrücken möchten.

Mit freundlichen Grüßen
BUNDESVERBAND DER DEUTSCHEN
VOLKSBANKEN UND RAIFFEISENBANKEN BVR
In Vertretung

Ramin

(Ramin) Anlage

Göttingen, den 31.1.1996

Absender:
Volker Losch - An der Tränke 10 - 37079 Göttingen

An
HARIBO
- Kundenberatung -
Hans-Riegel-Straße 1

**D- 53129 Bonn**

Sehr geehrte Damen und Herren,

heute möchte ich Ihnen ein Erlebnis schildern, das uns wirklich die Sprache verschlagen hat und zum Nachdenken anhält: Wir sind eine bäuerliche Familie, und unsere kleine Tochter Gertrud erkundet mit kleinen aber schnellen Schritten den elterlichen Bauernhof und seine tierischen Bewohner. Nun haben wir hauptsächlich Milchkühe, und genau diese Tiere scheinen es der Kleinen besonders angetan zu haben. Denn eines Tages, kurz vor dem gemeinsamen Abendbrot, riefen wir nach unserer Gertrud, doch keinerlei Anzeichen ließen uns ihre Anwesenheit erschließen. Sofort begaben wir uns in den Kuhstall, und da saß sie dann auch mit freudig erregtem Gesichtsausdruck und schaute den Kühen beim Fressen zu. Als Gertrud uns dann erblickte, begann sie sofort fröhlich zu singen: "Haribo macht Rinder froh - und Erwachsene ebenso!" Anscheinend war unserer Tochter der Unterschied zwischen einer Kuh und einem Rind noch nicht bekannt - ein Umstand, der uns in diesem Moment aber nicht das größte Kopfzerbrechen bereitete, denn was unsere Sorgenfalten tiefer und länger werden ließ, waren die kläglichen Überreste einer Colorado-Mischung: eineinhalb Lakritzschnecken und ca. 20-25 Gummibärchen, die wir in den Trögen der anscheinend gesättigten Kühe entdecken mußten!

Gertrud hatte Ihren Slogan wohl sehr, sehr mißverstanden und kredenzte in ihrer Tierliebe und kindlichen Naivität unseren gesamten Haribo-Vorrat den Schwarzbunten, welche ob der abwechslungsreichen Kost ihre vier Mägen vollschlagen konnten. Nun ist meine Sorge, daß unsere Milch demnächst vielleicht einen Lakritz- oder Weingummigeschmack annehmen könnte. Haben Sie Erfahrungen, wie sich Ihre Produkte in den Verdauungsorganen einer Kuh auswirken? Oder muß ich meine Sorgen mehr in dem Zahnbereich der Wiederkäuer ansiedeln, denn leider putzen sich unsere Kühe nicht regelmäßig ihre Zähne.

Da Sie in Ihrer Kreation des Slogans meiner Meinung nach nicht ganz unschuldig an diesem tierischen Dilemma sind, wäre ich Ihnen sehr dankbar, wenn Sie mir meine Ängste und Sorgen durch Ihren kompetenten Rat nehmen könnten. Deshalb verbleibe ich voller Vorfreude auf Ihre Antwort und bedanke mich schon jetzt für Ihre Bemühungen.

Mit freundlichen Grüßen, auch von unseren Kühen,

HARIBO

Haribo macht Kinder froh und Erwachsene ebenso

HARIBO GmbH & Co. KG • Postfach 17 20 • D 53007 Bonn

Herrn
Volker Losch
An der Tränke 10

37079 Göttingen

JW/Ap 06.02.1996

Lieber Herr Losch,

über Ihren lustigen Brief haben wir uns sehr gefreut.

Es verwundert uns immer wieder welch außergewöhnliche Gaben Kinder schon in jungen Jahren haben. Ihre Tochter hat schon jetzt ein besonderes Gespür für die Marktforschung.

Ihre Tierliebe hat uns gezeigt, daß das Marktpotential noch nicht ausgeschöpft ist.

**Unsere neue Zielgruppe sind die „Schwarzbunten".**

Falls wir in Zukunft einen Werbespot für unsere neuen potentiellen Kunden drehen sollten, werden wir uns vorher mit Ihnen in Verbindung setzen.

Zu weiteren Forschungszwecken senden wir Ihnen, Ihrer Tochter und den vierbeinigen Freunden eine Geschenkdose gefüllt mit Color-Rado.

Vielleicht kann Gertrud festhalten, wie die Kühe auf die neue Verpackung reagieren.

Mit bärigen Grüßen aus Bonn

HARIBO GmbH & Co KG

i. V.
Dr. Franz-J. Weihrauch
Public Relations

i.A.
Alexandra Pohl
Public Relations

HARIBO GmbH & Co. KG
Hans-Riegel-Straße 1
D 53129 Bonn
Kommanditgesellschaft mit Sitz in Bonn
USt-IdNr. DE122121009

bbn 40 01686 3
Telefon (02 28) 537-0
Telefax (02 28) 53 72 89 (Verwaltung)
Telex 8 86 744 hari d
Telegramm HARIBO Bonn

Registergericht Bonn, HRA 593
persönlich haftende Gesellschafterin:
HARIBO Verwaltungs GmbH, Sitz Bonn,
Registergericht Bonn HRB 2927
Geschäftsführer: Dr. Hans Riegel und Paul Riegel

Bankverbindungen:
Sparkasse Bonn (BLZ 380 500 00) Kto.-Nr. 225 004 1
Landeszentralbank (BLZ 380 000 00) Kto.-Nr. 380 080 71
Dresdner Bank (BLZ 370 800 40) Kto.-Nr. 221-506 800
Postgiro Köln (BLZ 370 100 50) Kto.-Nr. 480 74-501

Göttingen, den 29.8.1995

Absender:
Volker Losch - An der Tränke 10 - 37079 Göttingen

An
ZFS Sagerer Tresore
Ostendstraße 115

**D- 90482 Nürnberg**

Sehr geehrte Damen und Herren,

zur Zeit versuche ich mein 1. Staatsexamen abzuschließen, habe aber sehr schlechte Zukunftsperspektiven, was eine feste Anstellung als Lehrer betrifft. Also muß ich mir natürlich Gedanken machen, wie ich meine Frau und die beiden Kinder durchs weitere Leben bringen soll. Das bisherige Luxusstudentenleben möchte ich natürlich auch nicht aufgeben, da mir die individuelle Zeiteinteilung dieses Berufes sehr zusagt.

Deshalb habe ich mir folgendes überlegt und auch schon mit meiner Familie abgesprochen: Einbruch ist die Rettung! Bei dieser Tätigkeit kann ich meine Arbeitszeit relativ frei bestimmen, obwohl mein Beruf dann hauptsächlich nachts und in der Ferienzeit ausgeführt werden muß. Das würde für mich bedeuten, daß ich tagsüber mit meinen Kindern und meiner Frau zusammensein kann und nur nach dem gemeinsamen Abendbrot mal schnell los muß, um den ausgekundschafteten Bruch durchzuführen. Aber genau der Punkt 'Auskundschaften' ist der Unsicherheitsfaktor, denn wahrscheinlich werde ich oftmals in Häuser einsteigen, in denen gar nichts zu holen ist. Und genau deshalb wende ich mich an Ihr Unternehmen, denn Sie verkaufen Tresore oder Geldschränke. Und welche Menschen kaufen sich derartige Sicherheitsbehältnisse? Natürlich diejenigen, die so viel Geld besitzen, daß ihr Portemonnaie diese Mengen nicht aufnehmen kann - also die ganz reichen Mitmenschen unter uns. Deshalb müssen diese wohlhabenden Menschen sich einen speziellen Schrank besorgen, damit ihr Vermögen nicht von solchen Leuten wie mir gestohlen werden kann.

Nun habe ich also vor, mein leeres Portemonnaie mit dem Tresorinhalt zu füllen, und da schon meine Mami immer sagte, bevor Sie mit meinem Papi nachts durch die Villenviertel der größeren Städte zog, daß der Grundstein für einen erfolgreichen Einbruch eine perfekte Planung ist, versuche ich mit diesen Zeilen, in die erfolgreichen Fußstapfen meiner Eltern zu treten. Deshalb habe ich mir gedacht, daß ich Ihnen heute eine Möglichkeit biete, in mein zukünftiges Unternehmen "Schauen, Klauen, Verstauen und Abhauen im Morgengrauen" voll Vertrauen einzusteigen. Sie liefern mir also die jeweiligen Adressen Ihrer reichen Kunden oder möglicherweise auch noch die jeweiligen Zahlenkombinationen bzw. Nachschlüssel der verkauften Tresore, und ich beklaue diese Menschen ein bißchen: und dann machen wir fifty fifty! Ist das ein Angebot? Falls Sie ein wenig Skrupel haben sollten, kann ich Ihnen versichern, daß ich im Falle eines Geschnapptwerdens wie ein Grab schweigen werde - versprochen, großes Indianerehrenwort, kein Ton wird von meinen Lippen kommen! Natürlich erwarte ich auch die gleiche Diskrektion von Ihrer Seite aus. Ich bin mir sicher, daß man ein derartiges Angebot nicht alle Tage erhält, so daß Sie die gebotenen, sehr großzügigen Konditionen nicht lange überdenken müssen. Deshalb blicke ich voller Freude Ihrem positiven Antwortschreiben und einer sehr erfolgreichen Zusammenarbeit entgegen und bedanke mich schon jetzt für Ihre Bemühungen.

Mit freundlichen und diebisch grinsenden Grüßen

| Polizeidienststelle: |
|---|
| Polizeiinspektion Göttingen<br>Am Steinsgraben 19<br>37085 Göttingen |
| Geschäftszeichen/Sachbearbeiter: ohne - Bode - |

| Ort, Datum: |
|---|
| Göttingen, 13.9.95 |
| Straße: Am Steinsgraben 19 |
| Telefon: 491345 |

Herrn
Volker Losch
An der Tränke 10

37079 Göttingen

# Vorladung

**Bringen Sie bitte diese Vorladung zum Termin mit!**

Sehr geehrte(r) Herr Losch !

☒ Zur Erörterung

☐ Zu Ihrer Vernehmung als

☐ Zeuge ☐ Beschuldigter/Betroffener

wegen Ihres Briefes an die Fa. ZFS Sgaerer in Nürnberg

bitte ich Sie – ~~erneut~~ –, sich am Dienstag, 19.09.95 um 14.oo Uhr Uhr

in 37085 Göttingen, Am Steinsgraben 19, Haus C

auf Zimmer 1 einzufinden.

Ich bitte, folgende Ausweispapiere/Unterlagen mitzubringen:

Personalausweis

Im Verhinderungsfalle bitte ich um rechtzeitige Mitteilung unter Angabe des Verhinderungsgrundes. Falls Sie beabsichtigen, die Reise von einem anderen als dem in der Anschrift genannten Ort aus anzutreten, teilen Sie dies bitte unverzüglich mit. Sollten Sie auf Mitteilung keine Nachricht erhalten, bleibt es bei dieser Vorladung.

**Hinweis**

Auf Antrag erhalten **Zeugen** für Verdienstausfall, Fahrtkosten und sonstige Aufwendungen (z.B. Kosten für notwendige Begleitpersonen) eine Entschädigung. Entsprechende Nachweise (Bescheinigung des Arbeitgebers über den Bruttoverdienst je Arbeitsstunde – auch bei einem Monatsgehalt –, über die Zahl der regelmäßigen täglichen Arbeitsstunden, über die Uhrzeit des täglichen Arbeitsbeginns und Arbeitsendes sowie darüber, ob der Verdienstausfall sich nur auf die durch die Wahrnehmung des Termins versäumte Arbeitszeit oder auf ganzen Arbeitstag erstreckt, Fahrkarten, Verzehrbelege) sind mitzubringen.

☐ Merkblatt über die Rechte und Befugnisse von Verletzten im Strafverfahren ist beigefügt.

☐ Erziehungsberechtigte wurden von der Vorladung unterrichtet/vorstehend bezeichnetes Merkblatt an Erziehungsberechtigte übersandt.

Hochachtungsvoll

Im Auftrage

Bode

Bode, KOK

Pol. N. 379
1992

Göttingen, den 23.2.1996

Absender:
Volker Losch - An der Tränke 10 - 37079 Göttingen

An
Nissan Motor Deutschland
- Kundenberatung -

**D- 41468 Neuss**

Sehr geehrte Damen und Herren,

jetzt reicht's! Binnen eines Monats habe ich mir sechs nigelnagelneue Modelle des Nissan Almera gekauft, keinen davon genoß ich aber länger als zwei Tage. Wie konnte das geschehen?

Nun, die Wagen wurden allesamt gestohlen! Aber nicht nur gestohlen, nein, sondern auch noch zerstört - und das anscheinend aus völlig niederen Beweggründen und auf brutalste Weise. Vom Schicksal meiner Autos erfuhr ich regelmäßig von der hiesigen Kriminalpolizei, die mir berichtete, daß alle meine Nissans in ein und derselben Schlucht des Harzes total deformiert aufgefunden wurden! Die Spurensicherung fand heraus, daß die kleinen Flitzer offensichtlich mit voller Absicht in die Tiefe gestürzt wurden, da sich in den Autowracks weder Fahrer noch Beifahrer befanden und sich auch keine typischen Unfallspuren in der Nähe der Absturzstelle entdecken ließen.

Nun war ich beim letzten Diebstahl meines Autos zufällig und glücklicherweise Augenzeuge und konnte so der Polizei eine relativ detaillierte Personenbeschreibung der beiden Täter geben: Das Paar (!) war ganz in Schwarz gekleidet und gesetzteren Alters, wobei die 'Dame' noch eine sehr auffällige lila Ansteckblume an ihrem schwarzen Kleid trug. Sind diese Personen bei Ihnen vielleicht schon bekannt? Oder handeln diese Autodiebe und -killer sogar in Ihrem Auftrag, damit Sie so einen erhöhten Absatz Ihres neuesten Modells erzielen? Sorgen Sie eventuell sogar für das Fluchtfahrzeug der beiden Gauner, welches nach Auskünften der Polizei ein geräumiger Omnibus sein soll?

Was sagen Sie zu meinen Anschuldigungen? Warum will man mir den neuen Nissan Almera nicht gönnen? Zwar kann ich Ihnen keine hieb- und stichfesten Beweise dieser Unterstellung liefern, aber das oben aufgeführte Motiv macht Sie doch zumindest der Mittäterschaft höchst verdächtig. Trotz meines geäußerten Mißtrauens Ihnen gegenüber wäre ich Ihnen sehr dankbar, wenn Sie sich schon in Kürze persönlich mit mir in Verbindung setzen würden, um Ihre Sicht der Dinge kurz zu schildern. Deshalb verbleibe ich voller Vorfreude auf Ihre klärende Antwort und bedanke mich schon jetzt für Ihre Bemühungen.

Er grüßt. Sie grüßt. Volker.

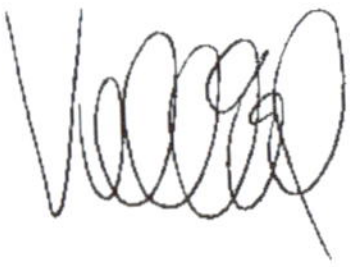

NISSAN

**Nissan Motor Deutschland GmbH**

*Lieferanschrift:*
*Nissanstraße 1*
*41468 Neuss*
*Telefon: (0 21 31) 3 88-0*
*Telefax: (0 21 31) 3 78 80*

Nissan Motor Deutschland GmbH · 41456 Neuss

Herrn
Volker Losch
An der Tränke 10

37079 Göttingen

| Ihr Schrb.v. | Sachbearbeiterin | Tel.-Durchw. | Datum |
|---|---|---|---|
| 23.02.96 | Anke Schmidt<br>AS/Be KDB-3411 | 206 | 8. März 1996 |

Sehr geehrter Herr Losch !

wo, zum Teufel, haben Sie sich die 6 Almeras beschafft ? In unseren offiziellen Unterlagen konnten wir keinerlei Hinweise auf Sie, als Almera-Käufer, finden !

Deshalb können wir uns auf Ihr Schreiben nur einen Reim machen:

Nachdem es uns nunmehr gelungen ist, die Original-Bösewichte mit Hilfe von Interpol und "Aktenzeichen XY" dingfest zu machen, droht nun neues Ungemach durch Nachahmungstäter. **S I E** wollen auf diesem Weg nur in Erfahrung bringen, wo sich noch intakte Almeras befinden, die Sie dann den Harz hinunterstürzen wollen.

Das hätten Sie auch einfacher haben können: 0180/55501 wählen und Ihre Postleitzahl nennen, schon wird Ihnen die entsprechende Bezugsquelle mitgeteilt.

Warum wir Ihnen das nun so unverblümt und unvorsichtig mitteilen ?

Weil wir davon überzeugt sind: Nach einer Probefahrt im Almera werden Sie sich spontan entscheiden, dieses Auto sich selbst zu gönnen und Ihr derzeitiges Beförderungsmittel auf dem Blocksberg zu opfern.

Aber nicht am 31.März, denn : Er hext. Sie hext. Walpurgisnacht.

Mit freundlichen Grüßen
Nissan Motor Deutschland GmbH
i.V. i.A.

B. Vollmeier A. Schmidt

Göttingen, den 5.9.1995

Absender:
Volker Losch - An der Tränke 10 - 37079 Göttingen

An
Kurverwaltung

**D- 79822 Titisee-Neustadt**

Sehr geehrte Damen und Herren,

bei einem Familientreffen äußerten wir den Wunsch, doch einmal einen Urlaub zu planen, der sowohl am See, als auch in den Bergen ablaufen soll. Sofort hatte meine Schwester einen Vorschlag parat: "Fahrt doch an den Titisee im Schwarzwald!" Ich war so baff, peinlich berührt und erschüttert zugleich, daß ich nichts mehr sagen konnte und das Thema abgebrochen wurde. Zuerst hielt ich den Ausspruch für eine ganz geschmacklose Zote meiner Schwester, und meine Gedanken entwickelten ein Bild von einem See voller weiblicher Brüste: aber im Lexikon fand ich diesen See wirklich.

Aber ich kann doch mit meiner Familie keinen Urlaub an einem Ort verbringen, an dem ich ob der vielen barbusigen Frauen meinen Kindern dauernd die Augen zuhalten muß. Oder warum nennt sich der See Titisee, wenn nicht in Anlehnung an die rüde Bezeichnung für Frauenbrüste? Ein weiteres, schlüpfriges Detail liegt in der Benennung der bergigen Umgebung des Sees: Schwarzwald! Ich möchte wirklich nicht deutlicher werden, als es nötig ist, deshalb schreibe ich nur: Schamhaare!

Die Namen sind doch wirklich nur ein sprachlicher, vulgärer Witz, oder nicht? Für mich ist es absolut unvorstellbar, mit meinen Kindern an einen Ort zu fahren, an dem ich nur auf Brüste und schwarz-behaarte Venushügel treffe. Oder wie habe ich mir die nähere Umgebung und vor allen Dingen die Menschen dieser Gegend vorzustellen? Ist der Titisee im Schwarzwald ein reines Nudistencamp voller Unmoral und sexuellen Anspielungen? Wie soll ich das denn meinen Kindern erklären?

Ich hoffe, Sie verstehen meine Aufregung; natürlich habe ich nichts gegen die Geschlechtsmerkmale einer Frau, aber meiner Meinung nach gehören diese Details doch in die intime Abgeschiedenheit des heimischen Schlafzimmers. Wenn ich mir vorstelle, daß mein erster Blick aus dem Hotel auf die hüpfenden Namensgebungen Ihres Sees fallen, dreht sich mein Verstand... Deshalb wäre ich Ihnen sehr dankbar, wenn Sie mich bezüglich meiner Ängste aufklären könnten - nicht die Sache mit den Bienen und der Blüte -, so daß ich voller Vorfreude auf Ihre Antwort verbleibe und mich schon jetzt für Ihre Bemühungen bedanke.

Mit freundlichen Grüßen

Heilklimatischer Kurort
Titisee Neustadt®
Hochschwarzwald · 800–1200 m

Tourist-Information 79822 Titisee-Neustadt /Hochschwarzwald

Herrn
Volker Losch
An der Tränke 10

37097 Göttingen

**Tourist-Information**
Kurverwaltung
D-79822 Titisee-Neustadt

Kurbüro Titisee
Telefon 0 76 51 / 9804-0
Telefax 0 76 51 / 9804-40

Kurbüro Neustadt
Telefon 0 76 51 / 206 250 - 252
Telefax 0 76 51 / 44 36

| Ihre Zeichen | Ihre Nachricht vom | Unsere Zeichen | Tag |
|---|---|---|---|
| | | JB/kr | 20.09.1995 |

**Urlaub am Titisee**

Sehr geehrter Herr Losch,

leider komme ich wegen urlaubsbedingter Ortsabwesenheit erst heute dazu, auf Ihr Schreiben vom 05.09.1995 zu antworten, ich bitte die Verzögerung zu entschuldigen.

Natürlich brauchen Ihre Kinder und auch Sie nicht zu befürchten, im Schwarzwald und am Titisee auf den verabscheuens- und verurteilenswürdigen Moloch geschlechtlicher Anspielungen und unmoralischen Teufelskrams zu treffen. Bei uns geht alles gesittet zu. Schambehaarte Venushügel und wohlgeformte Busen bleiben bedeckt, soweit sich das "Ferienerlebnis" außerhalb des ehelichen Schlafzimmers abspielt. Auch die Natur selbst spielt dem Gast und damit auch Ihnen - wenn Sie denn kommen - keinen Streich. Der Titisee ist in jeder Beziehung keimfrei, was regelmäßige gesundheitsamtliche Untersuchungen unter Beweis stellen, und hat zeitweise sogar Trinkwasserqualität. Eventuelle Assoziationen mit dem Titicacasee erledigen sich damit von selbst.

Ich wünsche Ihnen eine gute Anreise und verbleibe

mit freundlichen Grüßen

Janßen
Kurdirektor

Sparkasse Hochschwarzwald
(BLZ 680 510 04) 41 988 00

Göttingen, den 20.10.1995

Absender:
Volker Losch - An der Tränke 10 - 37079 Göttingen

An
FlowTex GmbH
Kleiner Plom 4

**D- 76275 Ettlingen**

Sehr geehrte Damen und Herren,

Ihre Fernsehwerbespots und Anzeigen konnten mich von Ihrem einzigartigen Können überzeugen, so daß ich glaube, daß Sie die richtigen Frauen und Männer zur Lösung unseres Problemes sind.

Mein Mitbewohner ist - etwas überspitzt formuliert - der Präsident der Kategorie Mensch, die man gemeinhin als Trantüte, Schlaftablette oder Spätzünder bezeichnet. Erzählt man ihm einen Witz, lacht er dreimal: Zuerst nach dem Erzählen, dann nach der Erklärung und zu guter Letzt am nächsten Tag, wenn er den Witz verstanden hat. Kurz, der gute Kollege hat eine mächtig lange Leitung!

Das Schlimme ist, daß diese lange Leitung ständig in unserer Wohnung herumliegt und ich dauernd darüber stolpere. Also haben wir uns dazu entschlossen, diese lange Leitung unterirdisch zu verlegen, um fortan in einer begehbaren Wohnung ohne Stolper-Leitungen zu leben. Natürlich möchten wir trotz des größeren Vorhabens weiterhin unseren normalen Tagesablauf durchführen können, so daß wir keine Fallgruben in Form von ausgehobenen Schächten oder Löchern gebrauchen können.

Aber da Sie ja versprechen, Leitungen unter die Erde zu verlegen, ohne die Oberfläche zu 'verletzen', und zugleich größere Verkehrsbehinderungen vermeiden, wäre ich Ihnen sehr dankbar, wenn sie mir Ihre Vorschläge zukommen lassen könnten. Denn wir haben keinerlei Erfahrungen in diesem hochtechnischen Bereich des Tiefbaus, so daß ich Ihnen sehr dankbar für nähere Informationen bezüglich der langen Leitung meines Freundes wäre. Deshalb verbleibe ich voller Vorfreude auf Ihre Antwort und bedanke mich schon jetzt für Ihre Bemühungen.

Mit freundlichen und langen, langen Grüßen

FlowTex®

FlowTex, Zentrales Marketing, Kleiner Plom 4, 76257 Ettlingen

25.10.1995

Herrn
Volker Losch
An der Tränke 10
37079 Göttingen

Sehr geehrter Herr Losch,

bezüglich Ihres Schreibens vom 20.10.95 müssen wir Ihnen leider mitteilen, daß wir für solche Problemstellungen keine technischen Lösungen anbieten können. Unsere Bohrgeräte spülen sich unter Straßen, Häusern, Flüssen etc. hindurch, sind aber für die Verlegung von „Leitungen" innerhalb von Wohnungen nicht geeignet. Das würde in Ihrem Fall bedeuten: Wenn wir die lange „Leitung" Ihres Mitbewohners unter Ihrem Haus verschwinden lassen würden, läge diese zwar nicht mehr im Wege, würde dafür aber beträchtlich länger werden. Damit wäre Ihnen zwar einerseits gedient, andererseits jedoch würde dies einen erheblichen Mehraufwand an Nervenbelastung bedeuten.

Alternative Lösungsvorschläge:

- Anheben des Fußbodens
- Überbrückung der „Leitung"
- Befestigung der „Leitung an der Decke"
- Kündigung wegen Unzumutbarkeit der Fortsetzung des Mietverhältnisses.

Alle diese Baumaßnahmen werden von Handwerkern in Ihrer näheren Umgebung sicherlich fachmännisch ausgeführt. An diese möchten wir Sie an dieser Stelle verweisen. Um Ihnen Erfahrung im hochtechnischen Bereich des Tiefbaus zukommen zu lassen, haben wir Ihnen Informationen über unser FlowTex-Spülbohr-Verfahren beigelegt.

Mit freundlichen Grüßen

F. Binder

Felix Binder
Zentrales Marketing

*FlowTex, Zentrales Marketing*
Kleiner Plom 4, 76275 Ettlingen.
Telefon 07243/336336, Telefax 07243/79226

Göttingen, den 7.9.1995

Absender:
Volker Losch - An der Tränke 10 - 37079 Göttingen

An
Beate Uhse international

**D- 24934 Flensburg**

Sehr geehrte Damen und Herren,

da ich mich in meiner Freizeit sehr für Geologie interessiere, hat mir ein guter Freund heute Ihre Adresse übermittelt. Er meinte nämlich, daß ich mich im Rahmen meines Spezialgebietes "Höhlen" noch nicht mit Ihrer speziellen "Rubbel-Höhle" beschäftigt hätte. Da ich aber als Hobbywissenschaftler dem Neuen stets aufgeschlossen gegenüberstehen sollte, habe ich mich entschlossen, zu dem Betreiber/Schöpfer/Entdecker (?) dieser Höhle Kontakt aufzunehmen, um wichtige Details Ihrer Grotte zu erfahren und mich weiterzubilden.

Eine Höhle oder Grotte ist laut wissenschaftlicher Definition ein durch natürliche Prozesse entstandener Hohlraum in der Erdkruste, der ganz oder teilweise vom festen Gestein umgeben ist und vom Menschen begangen werden kann. Diese natürlichen Höhlen können in primäre und sekundäre untergliedert werden: Primäre Grotten entstehen bei der Gesteinsbildung selbst, z. B. Laven-Höhlen (Blasen-Höhlen) oder natürliche Hohlräume in Korallenriffen (Riff-Höhlen); dazu gehören Tuff-Höhlen. Die sekundären Höhlen entstehen durch geomorphologische Prozesse, unabhängig von der Gesteinsbildung, z. B. Flußufer-Höhlen, Brandungs-Höhlen, Einsturz-Höhlen oder Karsthöhlen (Korrosions-Höhlen). Sonderformen stellen die Eishöhlen und die Tropfsteinhöhlen dar. Die Länge und Tiefe sowie Querprofile der Höhlen hängen nicht nur von der Intensität der einwirkenden exogenen Kräfte und Prozesse ab, sondern auch von der Gesteinsart und -lagerung. Allein die Namensgebung Ihrer Höhle läßt den Interpretationsschluß zu, daß diese Höhle möglicherweise der Produktionsort der bekannten Rubbellose ist, die in allen Lotto-Annahmestellen verkauft werden

Was für eine Höhlenform ist also Ihre "Rubbel-Höhle"? Ist sie der Öffentlichkeit zu Besichtigungen zur Verfügung? Finden regelmäßige Führungen statt? Ich wäre Ihnen für die Beantwortung meiner Fragen sehr dankbar, denn mein Hobby und mein wissenschaftlicher Forscherdrang lassen mich bezüglich einer neuen Erfahrung nicht zur Ruhe kommen. Deshalb verbleibe ich voller Vorfreude auf Ihre baldige Antwort und bedanke mich schon jetzt für Ihre Bemühungen.

Mit freundlichen und höhlenforschenden Grüßen

**Beate Uhse**
**international**

Versandhaus Beate Uhse
Postfach 29 55
24919 Flensburg

Telefon (04 61) 99 66-333
Btx ∗ 6 96 96 #
Fax (04 61) 9 71 59

Deutsche Bank
Kto.-Nr. 4 266 656 01
BLZ 215 700 11

Abs: D-24934 Flensburg

Herr
Volker Losch
An der Traenke 10

37079 Göttingen

Kunden-Nr.: 61.979.981 07.11.95

Sehr geehrter Herr Losch,

vielen Dank für Ihren Brief vom 03.11.95.

Ein Brief vom 07.09.95 ist bisher nicht eingegangen. Kostenlos für Sie: der aktuelle Beate Uhse Katalog, in dem Sie auf Seite 46 + 47 die "Seemannsbräute" finden. Die "Rubbelhöhle" finden Sie auf Seite 46. Dieses Selbstbefriedigungsgerät für den Mann ist von sehr guter Qualität, besitzt sogar 2 Möglichkeiten (vaginal und anal) für den Verkehr und die Vibration ist stufenlos zu steuern.

Bitte schauen Sie den Katalog durch und suchen in Ruhe aus, welche Artikel Ihren Vorstellungen entsprechen.

Wenn Ihnen diese Tips weiterhelfen, freue ich mich.

Mit freundlichen Grüßen

Versandhaus Beate Uhse
- Ihr Kundenservice -

(Gaby Bruhn)

P.S. Weitergehende Informationen finden Sie in dem Buch "Sexhilfsmittel in der Anwendung" Art. Nr. 220243 für DM 34,80.

Göttingen, den 9.10.1995

Absender:
Volker Losch - An der Tränke 10 - 37079 Göttingen

An
Carl Sperling & Co
Original Sperli Samen

auch an Julius Wagner GmbH

**D- 21336 Lüneburg**

Sehr geehrte Damen und Herren,

im letzten Frühjahr erwarb ich eine Packung Tomaten-Samen (Goldene Königin) Ihres Hauses, weil wir auf unserem Balkon endlich einmal etwas anpflanzen wollten, das gesund, lecker, natürlich ist und zugleich optisch gut wirkt. Und da wir ausgesprochene Tomatenfans sind, fiel die Wahl auf diesen gelben Paradiesapfel nicht schwer. Und im Nu waren die Samen auch schon ausgesät, die Blumenerde gedüngt, und - wohlan - von diesem Tage an stieg die Hoffnung auf leckere Tomatensalate aus eigener Züchtung.

Und was soll ich Ihnen sagen, die Pflanzen gediehen prächtig, und man konnte die täglichen Wachstumsfortschritte bis hin zur Blüte fast mit bloßem Auge beobachten. Liebevolle Pflege, tägliche Gespräche über Wetter, Laune, Gesundheit und soziale Probleme der Welt mit den Keimlingen und vor allen Dingen optimales Saatgut waren wohl die Grundlagen für einen derartigen Erfolg. Leider komplettierte sich der Erfolg nicht in Form einer reichen Tomatenernte, denn die Pflanzen brachten trotz unserer Mühen seltsamerweise überhaupt keine grünen Kügelchen zutage, sondern kleine, weiße unbedruckte Papiertütchen. Ja, Sie haben richtig gelesen, und je fleißiger wir unsere Pflanzen pflegten und je länger die Sonne die Früchte (?) reifen ließ, desto deutlicher wurde unser Ernteergebnis: farbig bedruckte Samentütchen aus Papier! Und diese Tütchen sahen genauso aus, wie die von uns im Frühjahr erworbene Packung Tomaten-Samen Goldene Königin!!! Das ist ein Ding, was? Ist bei der Züchtung des Samens irgendetwas schief gelaufen? Oder haben wir möglicherweise einen Fehler während der Pflege oder der Aussaat gemacht? Das kann ich mir eigentlich nicht vorstellen, denn Sie werden die Ausmaße meiner pflanzenhegerischen Qualitäten einschätzen können, wenn ich Ihnen sage, daß mein Onkel Klaus Theo Gärtner ist: und Nomen ist bekanntlich ja auch Omen. Zum anderen kenne ich viele Krimis, in denen der Gärtner der Mörder war, und ich bin auch schon einmal an einem Gewächshaus vorbeigefahren. Sie sehen, an meinen engen Beziehungen zum Gärtnerhandwerk kann es nicht gelegen haben, so daß ich mich heute vertrauensvoll an Ihr Unternehmen wende. Haben Sie eine Erklärung für eine derartige Tomaten-Samen-Tütchen-Frucht? Ich wäre Ihnen sehr dankbar, wenn Sie mich bezüglich des biologischen Wunders aufklären könnten, so daß ich voller Vorfreude auf Ihre Antwort verbleibe und mich schon jetzt für Ihre Bemühungen bedanke.

Mit dem grünen Daumen und freundlichen Grüßen

Gemüsesamen
Vegetable Seeds
Semences Potagères

Blumensamen
Flower Seeds
Semences de Fleurs

CARL SPERLING & CO
SAATZUCHT (GMBH & CO)

SPERLI
SAMEN

Carl Sperling & Co · Postfach 2640 · 21316 Lüneburg

Herrn
Volker Losch
An der Tränke 10

37079 Göttingen

TELEFON: 04131/3017-0
TELEFAX: 04131/301745
TELEX: 2182191 splg d
TELEGRAMME: SAMENSPERLING

21339 Lüneburg
Hamburger Straße 35

Ihr Zeichen | Ihre Nachricht vom | Unser Zeichen | 12.10.95

Sehr geehrter Herr Losch,

wir haben Ihre Reklamation erhalten und könne Ihre Entäuschung gut verstehen.

Warum die Tomate Goldene Königin keine Früchte angesetzt hat, kann zwei Gründe haben:

1. Die Ballen der Pflanzen sind kurzzeitig eingetrocknet und/ oder
2. Die Pflanzen stehen an einer geschützten Stelle, wo keine Bestäubung erfolgt. Tomaten sind Fremdbestäuber und für den Fruchtansatz auf Hilfe der Insekten oder durch leichtes Schütteln mit der Hand angewiesen.

   Tomaten sind Starkzehrer, d. h. die Pflanzen müssen immer ausreichend mit Dünger versorgt werden. Insbesondere bei der Kultur in einem Topf oder Balkonkasten muß auf eine permanente Versorgung mit Wasser geachtet werden.

Anbei erhalten Sie einige Portionen gratis als Ersatz und wir wünschen Ihnen viel Erfolg bei der Anzucht.

Mit freundlichen Grüßen
Carl Sperling & Co
(GmbH & Co)

i. A. Matthies

Kommanditgesellschaft, Sitz in Lüneburg, Amtsgericht Lüneburg, HRA 568
persönlich haftende Gesellschafterin: Sperling Pflanzenzucht GmbH, Sitz in Lüneburg, Amtsgericht Lüneburg, HRB 69
Geschäftsführer: Andrees Hevekerl, Heiner Schmidt
Landeszentralbank Lüneburg 240/07920 (BLZ 240 000 00), BfG Bank AG Hannover 1014500300 (BLZ 250 101 11)
Sparkasse Lüneburg 50008325 (BLZ 240 501 10), Postgirokonto Hamburg 71500-202 (BLZ 200 100 20)

**JULIWA**
MARKENSAAT

Julius Wagner GmbH · Postfach 10 58 80 · D-69048 Heidelberg

Volker Losch
An der Tränke 10

37079 Göttingen

| Ihr Zeichen | Ihre Nachricht vom | Unser Zeichen | Telefon | Datum |
|---|---|---|---|---|
| | | Herr Metz/10 | 06221-5304-29 | 12.10.1995 |

Sehr geehrter Herr Losch,

vielen Dank für Ihren Brief vom 09.10.1995.

Wir haben Ihren geschilderten Fall eingehend in unserem Hause diskutiert und kamen zu dem Schluß, daß wir Ihnen zu Ihrem Erfolg nur gratulieren können.

Wir gehen davon aus, daß dieser Erfolg wohl zum großen Teil an Ihrer geschilderten, liebevollen Behandlung und Pflege hängt, jedoch mit Sicherheit machte sich auch der Einfluß Ihres Onkels, Klaus Theo Gärtner, bemerkbar.

Sollten in den von Ihnen geschilderten geernteten Tomatentütchen wirklich auch wieder Saatgut der gleichen Sorte enthalten sein, das wunderbarerweise auch noch der EG-Saatgutverordnung entspricht, wären wir Ihnen für die genauen Kulturdaten dankbar, da wir in diesem, Falle ebenfalls versuchen möchten, unser Saatgut auf diese Weise zu produzieren.

Wir wünschen Ihnen auch weiterhin viel Erfolg mit Ihrem grünen Daumen und verbleiben einstweilen

mit freundlichen Grüßen
Julius Wagner GmbH

Gerd Metz

Gerd Metz
Geschäftsführer

Julius Wagner GmbH
Samenzucht · Samengroßhandel
Eppelheimer Straße 18-20
D-69115 Heidelberg

Telefon: (0 62 21) 53 04-0
Telefax: (0 62 21) 53 04-22
Telex: 46 14 13 julwa

Postgiro Karlsruhe (BLZ 660 100 75) 16 128-759
Deutsche Bank (BLZ 672 700 03) 04-63 513
Heidelberger Volksbank
(BLZ 672 900 00) 58 35 10

Geschäftsführer:
Falk J. Wagner
Amtsgericht Heidelberg HRB 136
USt-Id Nr. DE 143 430 515

Göttingen, den 4.9.1995

Absender:
Volker Losch - An der Tränke 10 - 37079 Göttingen

An
H. Gimborn GmbH

**D- 46446 Emmerich**

Sehr geehrte Damen und Herren,

ein Freund, der ein aktiver Hundesportler ist, hat mir Ihre Adresse gegeben, da er mir Sie als echtes Expertenteam für alle Hundefragen empfehlen konnte. Nun aber zu meiner Anfrage, die sich um die Gelüste unserer Mischlingshündin Agathe dreht:

Unsere Agathe hat einen sehr ausgeprägten Spieldrang, unter dem vor allen Dingen Tennisbälle zu leiden haben. In ca. 20 Minuten hat sie dieses Sportgerät in zwei Teile getrennt, so daß wir ihr einen neuen servieren müssen. Lediglich ein Spielzeug weiß sie mehr zu schätzen als die gelben Filzbälle; wohl weil es länger hält: unseren Briefträger Gustav. Kaum betritt er das Grundstück, stürmt Agathe auf ihn zu und verbeißt sich in den kräftigen Unterschenkel und läßt den Boten nicht mehr los. Ein lautes "AAAAhhhhrggg!" oder "Laß los, du Sch...-Töhle!" bekunden seine uneingeschränkte Freude am Spiel mit unserem Hund. Doch neulich meinte er in freundschaftlichem Ton, daß er nicht mehr gewillt ist, mit unserer lieben Agathe zu spielen, so lange sein inzwischen 16 mal genähtes Bein noch schmerzt.

Und um diesen Ausfall des Lieblingsspielzeuges unserer Agathe zu kompensieren, möchte ich Sie nun fragen, welche Lösungen Sie mir vorschlagen können? Haben Sie einen Postboten-Mietservice mit Beiß-und-Blut-Garantie? Wir möchten unserer Agathe nämlich ein ausgefülltes Leben mit möglichst viel Spaß bieten. Dazu bräuchten wir natürlich nicht irgendeinen Briefträger, der vielleicht schon nach 15 Minuten schlapp macht. Nein, die Agathe bräuchte schon einen konditionsstarken, kräftigen Kämpfer, der möglichst auch die Blutgruppe B Rh + hat, denn diese Flüssigkeit scheint sie am liebsten zu schlabbern. Ich wäre sehr an diesem Service interessiert, so daß ich voller Vorfreude auf Ihre Antwort verbleibe und mich schon jetzt für Ihre Bemühungen bedanke.

Mit freundlichen Grüßen, auch von unserer Postboten-beißfreudigen Agathe,

H. VON GIMBORN GMBH · POSTFACH 10 05 52 · 46425 EMMERICH

GIMBORN® der Heimtierspezialist

Herrn
Volker Losch
An der Tränke 10

37079 Göttingen

| Ihre Zeichen | Ihre Nachricht vom | Unsere Zeichen | Telefon-Durchwahl | Tag |
|---|---|---|---|---|
| | | MHH Roe/Cl | 9 64- | 24. November 1995 |

Ihr Schreiben vom 03.11.1995

Sehr geehrter Herr Losch,

vielen Dank für Ihr o.g. Schreiben.

Dazu folgende Information:

Als ursprüngliche Hetzjäger verfolgen Hunde instinktiv (Naturtrieb) alles was sich bewegt und ihre Neugierde weckt. Die Gründe für ein mehr oder weniger aggressives Verhalten können verschiedene Ursachen haben, so z.B. das Verteidigen des Territoriums, Machtprobe (Dominanz), Unterschreitung der sog. kritischen Distanz (Angstbeißer), aber auch genetisch bedingt oder durch Zucht. Allgemein empfehlen wir, ganz besonders in Ihrem Fall, die Harmonie in der Mensch-Hund-Beziehung zu verbessern. Der Briefträger und Sie sollten versuchen dem Hund freundlich zu zusprechen, zu beruhigen, zu streicheln und ihn mit Hundeschokolade oder Drops belohnen.
Dabei heißt die Parole 'nicht weglaufen, sondern stehen bleiben'. Der Hund darf nicht das Gefühl haben er sei überlegen. Wegrennen provoziert Ihren Hund nur zur Verfolgung! Besonders dominante Hunde sollten auch im Spiel nicht Sieger bleiben, sonst fühlen Sie sich auch so und benehmen sich entsprechend.

- 2 -

Telefon: 0 28 22 / 9 64-0 Tag + Nacht
Telefax: 0 28 22 / 9 64-113 + 114

Kernarbeitszeit:
Mo.-Do. 9.00-12.00 Uhr und 14.00-16.00 Uhr
Fr. 9.00-12.00 Uhr und 14.00-15.00 Uhr

Banken: Deutsche Bank AG, Emmerich
1546 654 (BLZ 324 700 77)
Commerzbank AG, Emmerich
5 699 533 (BLZ 324 400 23)
Stadtsparkasse Emmerich
103 374 (BLZ 358 500 00)
Postgiroamt Essen
6098-437 (BLZ 360 100 43)

Sitz der Gesellschaft:
46446 Emmerich, Albert-Einstein-Straße 6
Registergericht: Amtsgericht Emmerich (HRB 99)
Geschäftsführer: Dipl.-Kfm. Volker Grafe

der Heimtierspezialist
GIMBORN®



*Nur bei sehr aggressiven Hunden (fixieren erst mit den Augen, knurren und stehen ruhig aber gespannt da) ist es allerdings aufgrund der sehr niedrigen Aggressionsschwelle besser, ruhig zu Verharren und den Besitzer herbeizurufen in der Hoffnung das dieser in der Nähe ist.*

*Ausbildungsziel sollte sein, daß sich Ihr Hund besser dem Menschen anpassen kann, d.h. er müßte besser sozialisiert werden. Gesunde Snacks und lobende Worte können da sehr helfen, auch zur Freude Ihres Hundes.*

*Anbei erhalten Sie ein neues Spielzeug für Ihre Mischlingshündin Agathe sowie einige Proben und Prospekte.*

*In der Hoffnung Ihnen mit diesem Schreiben geholfen zu haben, verbleiben wir*

*Mit freundlichen Grüßen*

*H. VON G I M B O R N GMBH*

*i. A.* S. Claaßen

*Product-Management*

Göttingen, den 2.9.1995

Absender:
Volker Losch - An der Tränke 10 - 37079 Göttingen

An
Rhodius Getränke
Postfach 207

**D- 56657 Burgbrohl**

Sehr geehrte Damen und Herren,

neulich brachte mir meine Freundin ein paar Dosen Ihres Getränkes "Sitting Bull" mit, da ich am Wochenende sehr wenig Schlaf bekomme, aber trotzdem immer frisch und fit für Unternehmungen mit Freunden sein möchte. Der Aufdruck "Eiskalte Wiederbelebung" flößte mir ein gewisses Vertrauen in Ihr Getränk ein, so daß ich es in unserem Kühlschrank für mein Wochenende verstaute und so präparierte - nichts ahnend von den Hintergedanken meiner Freundin!

Als Polizist ist meine Freizeit vom Schichtdienst abhängig, so daß ich schon gleich am Samstag während der Sportschau eine Dose "Sitting Bull" genießen konnte. Da ich die letzte Nacht vollständig ohne Schlaf auskommen mußte (Observierung eines Verdächtigen rund um die Uhr), wollte ich natürlich für den Ausgehsamstag mit Freunden topfit sein. Aber Sie werden es wahrscheinlich nicht für möglich halten: Sofort nach dem ersten Schluck bemerkte ich, wie meine Beine immer schwerer wurden, und als ich die Dose leergetrunken hatte, war es mir nicht mehr möglich, mich aus meinem Sessel zu erheben. Wie festgewachsen konnte ich meiner Freundin nur mühsam mitteilen, daß ich heute nicht mitgehen kann: "Irgendetwas hält mich hier in meinem Lieblingsfernsehsessel fest, Schatzilein! Ich kann nur noch sitzen!" Doch sie lachte nur: "Na klar, was hast du denn gedacht? Das Getränk heißt doch 'Sitting Bull' - sitzender Bulle! Ich wollte heute nämlich mal alleine ausgehen, deshalb habe ich dir dieses Getränk gegeben! Mach's gut, mein Herzchen! Die Fernbedienung liegt auf dem Tisch, gegessen hast du schon, einen schönen Abend noch!" Und zack, dann war sie auch schon verschwunden! Tja, und nun saß ich da, allein, verlassen, hilflos - ein sitzender Polizist! Zum Glück ließ die Wirkung Ihres Getränkes recht bald nach, denn ich mußte schon sehr dringend auf die Toilette, und noch zehn Minuten länger, dann hätte ich mich "Wet Sitting Bull" nennen dürfen.

Ich hoffe, daß ich Sie mit meinem Erlebnis von der Gefährlichkeit Ihres Getränkes überzeugen konnte, so daß ich Sie fragen möchte, warum denn kein Warnhinweis speziell für Bullen auf der Dose abgedruckt ist? Haben Sie schon Erfahrungen mit Kollegen meines Berufes machen können, oder bin ich bisher der einzige "Sitting Bull"? Ich wäre Ihnen sehr dankbar, wenn Sie mich in meiner Unsicherheit aufklären könnten, so daß ich voller Vorfreude auf Ihre Antwort verbleibe und mich schon jetzt für Ihre Bemühungen bedanke.

Mit freundlichen und sitzenden Grüßen

RHODIUS

Rhodius Getränke, Postfach 207, 56657 Burgbrohl

Herrn
Volker Losch
An der Tränke 10

37079 Göttingen

| Ihre Zeichen: | Ihre Nachricht vom: | Unser Zeichen: Tel.- Durchwahl (026 36) 920 - | | Burgbrohl, |
|---|---|---|---|---|
| | | Hr/sp/8016 | 204 | 17.11.1995 |

***Ihr Schreiben vom 02.09.1995 bzw. 01.11.1995***
***Sitting Bull Energy Drink von LIDL***

Sehr geehrter Herr Losch,

auch wir bedanken uns recht herzlich für Ihren amüsanten Brief, den uns die Firma LIDL, Bad Wimpfen zugeschickt hat. Es tut uns leid, daß der von uns produzierte Energy Drink *Sitting Bull* bei Ihnen nicht die gewünschte Wirkung hatte. Wir können Ihnen aber versichern, daß dies nicht am Getränk, sondern sicherlich an Ihrer damaligen anstrengenden Tätigkeit lag. Zudem stellt sich die Wirkung von *Sitting Bull* noch nicht nach einem Schluck oder in Ihrem Zustand nach einer Dose ein. „Wunder dauern etwas länger".

Sie werden aber feststellen, daß bei dem Verzehr der mitgeschickten 24 Dosen sich auch bei Ihnen eine Wirkung einstellen wird. In welcher Form, wird Ihnen sicher auch Ihre Frau bestätigen.

Wir bedanken uns nochmals für Ihre ausführlichen Schilderungen und wünschen Ihnen in der Zukunft viel Energie und Spaß mit *Sitting Bull*.

Mit freundlichen Grüßen
R H O D I U S Mineralquellen
und Getränke GmbH & Co. KG

- R. Hübner -

Anlage

Firmensitz: Burgbrohl, Eingetr. b. Amtsgericht Andernach A 314, Pers. haft. Gesellschafterin: Rhodius Mineralquellen und Getränke Verwaltungsgesellschaft mbH, Burgbrohl, Amtsgericht Andernach B 1610
Geschäftsführer: Dirk Friedmann, Dr. Karl Tack

PEPSI

RHODIUS Mineralquellen
und Getränke GmbH & Co. KG
Brohltalstraße 2
56659 Burgbrohl

Tel. 026 36 - 9200
Fax 026 36 - 920 116

Commerzbank AG Andernach
Swift Code: COBA DE FF 574
(BLZ 570 400 44) 102 7598
Kreissparkasse Ahrweiler
Zweigstelle Burgbrohl
(BLZ 577 513 10) 26
Postscheckkonto Ludwigshafen
(BLZ 545 100 67) 797 86-679

Göttingen, den 14.2.1995

Absender:
Volker Losch - An der Tränke 10 - 37079 Göttingen

An
Maggi
Lyonerstraße 23

**D- 60528 Frankfurt am Main**

Sehr geehrte Damen und Herren,

ich kann mich, ohne übertreiben zu müssen, als absoluten Suppen-Fan bezeichnen, der Ihre Produkte nicht nur als Vorsuppe genießt, sondern diese durchaus auch als Komplettmenü zu sich nimmt. Denn geschmacklich und hinsichtlich der unkomplizierten Zubereitungsform betrachtet, bereiten mir Ihre Produkte eine große Freude.

Trotz alledem habe ich ein großes Problem: Immer wenn ich Ihre Werbung im Fernsehen anschaue, fasziniert mich das metallisch federnde Geräusch des sich verbiegenden Löffels. Als eine Art Pawlowscher Reflex lassen mir dieses Bild und dieser Ton das Wasser im Munde zusammenlaufen - und anscheinend auch den Darstellern in Ihren Filmen. Auch der Chor der Soldaten des Sheriffs von Nottingham "Maggi, immer eine gute Suppe!" regt meine Lust auf Suppen an.

Nun kann ich dieses Phänomen eines verknotenen Löffels in meiner heimischen Küche absolut nicht feststellen, denn kein einziges Schöpfgerät gibt seine ursprüngliche Form zugungsten eines Knotens auf! Woran kann das liegen? Sind meine Löffel stabiler als die Ihren? Stimmt das Umfeld während des Kochvorganges nicht? Haben meine Löffel im Gegensatz zu mir eine Antipathie gegen Ihre Suppen? Oder schummelt bei Ihnen Uri Geller im Hintergrund, so daß dieses Metallverformung bei mir nicht zu beobachten ist? Übrigens wäre es eine sehr nette Werbeidee, diesen Zauberer in Verbindung mit Ihrem Produkt und den Löffeln zu bringen, nicht wahr?

Eine weitere Werbeidee könnte sich auf Ihren Herstellernamen beziehen: Da ich mit einigen bayrischen Freunden einen regen Kontakt pflege, ist mir auch deren Mundart nicht fremd. Also wäre eine Werbung mit dem Spruch "Delikate Suppen von Maggi: (die) moag i !!!" seht treffend.

Ich wäre Ihnen sehr dankbar, wenn Sie mich bezüglich meines Löffelproblemes beraten könnten. Falls Sie auf die genannten Werbeideen zurückgreifen sollten, wäre ich Ihnen verbunden, wenn Sie sich noch einmal mit mir absprechen könnten. Ansonsten möchte ich höflichst anfragen, ob Sie einen kritischen und interessierten Konsumenten und einen großen Fan Ihrer Suppen und Produkte mit ein paar Fanartikeln Ihres Hauses versorgen könnten? Angesichts der gezeigten Bemühungen eine verständlichen Bitte, so meine ich.

Voller Hoffnung verbleibe ich in freudiger Erwartung auf Ihre baldige Antwort und bedanke mich schon jetzt für Ihre Bemühungen.

Mit freundlichen Grüßen

Maggi GmbH

Maggi GmbH · 60523 Frankfurt am Main

Lyoner Straße 23 „Nestlé-Haus"
Frankfurt am Main-Niederrad

Telefon: (0 69) 66 71-1
Telefax: (0 69) 66 71-27 15
(0 69) 66 71-26 61 (Distribution)
Telex : 4 189 075 nehs d (Distribution)
Teletex: 6997637=nehs

Bank : Dresdner Bank AG, Frankfurt
BLZ 500 800 00, Kto. 0510075600

Herrn
Volker Losch
An der Tränke 10

37079 Göttingen

| Ihre Zeichen/Nachricht vom | Unser Zeichen | Durchwahl (0 69) 6671- Telefon | Telefax | Datum |
|---|---|---|---|---|
| | Na / Ku | 2793 | 2330 | 22. März 1995 |

Lieber Herr Losch,

vielen Dank für Ihren freundlichen Brief. Wir freuen uns natürlich, daß Sie ein absoluter Suppen-Fan sind und auch Maggi Suppen gerne essen.

Verstehen können wir allerdings nicht, daß sich Ihr Löffel nach dem Genuß der unvergeßlich guten Maggi Suppen nicht verknotet. Bei uns geschieht das immer. Als Beweis legen wir einen unserer Suppenlöffel bei, mit dem wir regelmäßig unsere Suppen genießen.

Eine Gewissensfrage können wir Ihnen allerdings nicht ersparen, genießen Sie Ihre Suppen wirklich und nehmen Sie sich auch ein paar Minuten Zeit dazu? Das ist nämlich die Voraussetzung. Zum Ausprobieren fügen wir einige Suppen bei und Sie werden sehen, sie schmecken wirklich unvergeßlich gut.

Ihren Werbespruch haben wir in abgewandelter Form vor vielen Jahren für Knödel in Bayern eingesetzt. Leider kam die Dialektform nicht gut an, weil wir kein bayrisches Unternehmen sind.

Wir wünschen Ihnen weiterhin viel Spaß beim Suppen essen !

Mit freundlichen Grüßen

Ursula Nachtsheim

Anlage

Geschäftsführung: Dr. Hans-Joachim Rieber (Vorsitzender)
Gustav Höbart, Rolf Idecke, Dr. Uwe Möller, Siegfried Müller
Sitz: Singen (Htwl.) · Registergericht: Amtsgericht Singen (Htwl.), HRB 600

LOSCH.DOC

) 894 E 20' - 001

Göttingen, den 6.10.1995

Absender:
Volker Losch - An der Tränke 10 - 37079 Göttingen

An
Meister-Werkzeuge

**D- 42349 Wuppertal**

Sehr geehrte Damen und Herren,

heute wende ich mich mit einem Problem an Ihr Unternehmen, weil ich der festen Überzeugung bin, daß nur Ihre Erfahrung auf dem Gebiet der Werkzeugherstellung eine Lösungsmöglichkeit bieten kann. Doch immer langsam: Gestern wollte ich meiner Freundin gegenüber mal wieder mein herausragendes handwerkliches Geschick unter Beweis stellen und baute das Gefrierfach unseres Kühlschrankes aus, weil es ständig extrem vereiste. Nun bedachte ich nicht, daß der Kühlkreislauf des Gefrierfaches gleichzeitig den gesamten Kühlschrank kühlt - eine eisige Beschreibung. Und so tat es ein dezentes Zischen, ein übel riechendes Gas entwich, und der ganze Kühlschrank war im A....! Meine Freundin fragte daraufhin nur: "Sag mal, ist bei dir 'ne Schraube locker?"

Ich wußte nicht, was ich ihr darauf entgegnen sollte, ich möchte mich aber auf alle Fälle bessern und meine Freundin wieder von mir überzeugen, so daß ich heute bei Ihnen anfrage, ob Sie möglicherweise einen speziellen Schraubenzieher oder einen Maulschlüssel herstellen, der mir diese spezielle lose Schraube wieder festziehen kann? Leider kann ich Ihnen auch keine weiteren Angaben zur speziellen Schraubenart machen, denn mir ist nicht bekannt, ob diese meine lose Schraubenspezies eine Gewinde-, eine normale Holzschraube oder gar eine Hubschraube ist. Oder hilft bei mir wirklich nur noch die Therapie, mit der mein Kopf in einen Schraubstock eingespannt werden muß?

Mir wäre eine schonendere, sanftere Behandlung allerdings lieber, deshalb wende ich mich vertrauensvoll an Ihr Unternehmen, voller Hoffnung, daß Sie mir aufgrund Ihrer großen Erfahrung eine echte Hilfe anbieten können. Also verbleibe ich voller Vorfreude auf Ihre Antwort und bedanke mich schon jetzt für Ihre Bemühungen.

Mit freundlichen Grüßen

meister M®

MEISTER - WERKZEUGE • Postfach 120365 • D-42333 Wuppertal

Herrn
Volker Losch
An der Tränke 10

37079 Göttingen

MEISTER-WERKZEUGE
Werkzeugfabrik GmbH

Haus-Anschrift / Delivery Adress :
Oberkamper Strasse 37 - 39
42349 Wuppertal

Postfach-Anschrift / Postal Adress :
Postfach 12 03 65
42333 Wuppertal

Telefon (0202) 47 95-01

| Ihre Zeichen | Ihre Nachricht vom | Unsere Zeichen | Telefon (0202) | Datum |
|---|---|---|---|---|
| | | KHT-gf | 47 95-110 | 20.12.95 |

Sehr geehrter Herr Losch!

Vielen Dank für Ihre Anfrage und das Vertrauen, das Sie unserem Hause damit entgegenbringen. Wir bedauern Ihr Mißgeschick natürlich zutiefst, müssen jedoch gestehen, daß uns derart verzweifelte Hilferufe nur sehr selten erreichen.

Das Problem der „lockeren Schrauben" ist uns als Werkzeug-Spezialist nicht unbekannt, wir haben jedoch die Erfahrung gemacht, daß sich zunehmend mehr Menschen offen zu ihrer lockeren Schraube bekennen - Sie sind also nicht allein - und offensichtlich mit dem kleinen Schaden ganz gut zurechtkommen.

Dennoch sind wir für Notfälle, wie den Ihren, gerüstet und übersenden Ihnen ein entsprechendes Erste-Hilfe-Kästchen. Es ist klein und handlich, Sie können es also stets mit sich führen sollten Sie einmal unterwegs einen Blödsinn anrichten. Für den Extremfall der „verlorenen Schrauben" liegt sogar Ersatz dabei.

Von der Schraubstock-Therapie möchten wir allerdings abraten. Sie ist zwar wirkungsvoll, doch äußerst schmerzhaft, wenn man sich dabei die Finger einklemmt. Sollte die Selbsttherapie jedoch versagen, so nehmen Sie bitte Kontakt mit der neurologischen Abteilung des Göttinger Klinikums auf.

**Viel Erfolg und fröhliche Weihnachten!**

Mit freundlichem Gruß

M E I S T E R - WERKZEUGE
Werkzeugfabrik GmbH
- Marketing -

K.H. Töpfer

Karl-H. Töpfer

LOSCH.DOC

Sitz der Gesellschaft : Wuppertal
Amtsgericht : Wuppertal HRB 8199

Geschäftsführer : Thomas Meister, Klaus Friedrich, Jürgen Heydorn, Gerd Mätzig, Dirk Voller

Bankverbindung : Commerzbank AG Wuppertal
Bankleitzahl 330 400 01
Kontonummer 2 375 061

Verkauf - Sales Division :
Telefax (0202) 47 17 08
Telex 8 591 205

Einkauf - Buying Division :
Telefax (0202) 47 14 37
Telex 8 591 735

Göttingen, den 9.1.1996

Absender:
Volker Losch - An der Tränke 10 - 37079 Göttingen

An
Kunert-Stumpfwaren
Julius-Kunert-Straße 49

**D- 87509 Immenstadt**

Sehr geehrte Damen und Herren,

heute wende ich mich an Ihr Unternehmen, weil ich für meine zukünftigen Aktivitäten Ihren Rat, Ihre Kompetenz und die Angaben bezüglich der Qualität Ihrer Produkte benötige. Denn schon in naher Zukunft werde ich mein bisheriges berufliches Tätigkeitsfeld in einen Bereich verlagern, in dem Strümpfe eine sehr große Rolle spielen: Bankraub! Gesicherte Zahlen aus der Tagespresse versprechen mir nicht nur ein geregeltes Einkommen in angemessener Höhe, sondern auch die Faktoren Spannung, die variable Arbeitszeit, die nervliche Anstrengung, das Selbständigsein und die genaue Planung in dieser Branche lassen nach meiner individuellen Auffassung den Bankraub als absoluten Traumjob erscheinen.

Von Fachkollegen, die ich während meiner Umschulung zum Bankräuber kennenlernen durfte, erhielt ich den Rat, daß neben der perfekten Planung eines erfolgreichen Coups besonders die Maskierung des Gesichtes wichtig ist - und dazu eignen sich Ihre Produkte ganz hervorragend. Doch bevor ich mich für einen Strumpf aus Ihrem Hause entscheide, bin ich natürlich an dessen besonderen Eigenschaften und Qualitäten interessiert. In welchen Größen bieten Sie Ihre Produkte an? Wie groß ist der herumbaumelnde Strumpf-Bommel, der sich oberhalb des Haaransatzes bildet? Wie reißfest sind Ihre Strümpfe? Es wäre ja sehr unangenehm, wenn eine Laufmasche mein Antlitz just in dem Moment entblößt, sobald die Überwachungskamera der Bank das Vögelchen piepsen läßt. Trotzdem ist es auch wichtig für mich zu wissen, welche Rolle der modische Aspekt bei diesen speziellen Bankräubermaskierungsstrümpfen spielt: Haben Ihre Produkte vielleicht sogar eine erotische Ziernaht, die mein entfremdetes Gesicht elegant und chic in zwei Hälften gliedert? Oder existieren diverse Muster, die die Konturen verwischen **und** schmükken? Denn ich möchte mir von der Polizei nicht nachsagen lassen, daß der fotografierte Bankräuber mit seiner Strumpfmaske einen gar fürchterlichen Geschmack beweist.

Und zum Schluß möchte ich noch zwei ganz praxisorientierte Fragen stellen: Wie sieht es zum einen mit der Atemfähigkeit unter Ihren Strümpfen aus, und zum anderen: Wie groß ist die Sichtbehinderung während der Maskierung mit Ihrem Produkt? Sie werden verstehen, daß mich diese Fragen sehr interessieren und die erfolgreiche Durchführung eines Bankraubes stark beeinflussen können. Deshalb wäre ich Ihnen für eine Beantwortung meiner Fragen sehr dankbar, so daß ich voller Vorfreude auf Ihre baldige Reaktion verbleibe und mich schon jetzt für Ihre Bemühungen bedanke.

Mit freundlichen, aber bisher unmaskierten und unbestrumpften Grüßen

KUNERT

KUNERT AG
Julius-Kunert-Straße 49
87509 Immenstadt
Telefon 0 83 23/12-0
Telefax 0 83 23/1 23 89
Teletex 832 381 = KUNERT

KUNERT AG · Postfach 13 63 · 87503 Immenstadt

Herrn
Volker Losch
An der Tränke 10

37079 Göttingen

| Ihr Zeichen | Ihre Nachricht vom | Unsere Zeichen | Telefon-Durchwahl 0 83 23/12- | Telefax-Durchwahl 0 83 23/ | Tag |
|---|---|---|---|---|---|
| | | leM/ns | 227 | | 15.01.96 |

Sehr geehrter Herr Losch,

mit Interesse haben wir von Ihren Berufsplänen gelesen. Bedauerlicherweise haben wir als Beinbekleidungshersteller kein speziell entwickeltes Produktprogramm für Ihre Berufssparte und wir sind maschinentechnisch auch nicht in der Lage, Einzelstücke zu fertigen. Deshalb bitten wir Sie, sich entweder als Home-worker zu betätigen und aus marktgängigen Materialien für Ihre Zwecke geeigneten Kopfschmuck zu basteln und selbst zu testen oder sich an einen Herstellungsbetrieb technischer Textilien zu wenden.
Sollten Sie daran interessiert sein, Ihren zukünftigen Beruf für jedermann zu öffnen und somit ein Massenbedarf an Gesichtsmaskierungen entstehen, wäre eine Spezialanfertigung dafür auch für uns durchaus denkbar.

Zu den in Ihrem letzten Absatz aufgeworfenen Fragen fügen wir Ihnen einen Zeitungsausschnitt bei, der Sie vor vermeidbaren Fehlern in der Ausübung Ihres Traumjobs bewahren kann.

Leider kennen wir Ihre Füße nicht. Sollten sie dergestalt sein, daß eine polizeiliche Wiedererkennung zu befürchten ist, so finden Sie in unserem Angebot eine reichhaltige Auswahl, die jegliche Fußverkleidung ermöglicht. Da wir aber ein absolut fachhandelstreues Unternehmen sind, bitten wir Sie, ggfs. ein in Ihrer Wohnortnähe oder in der Nähe Ihres Tätigkeitsortes liegendes Fachgeschäft aufzusuchen und sich dort speziell die unter der Marke KUNERT ausgewiesenen Herrenbekleidungsartikel vorlegen zu lassen.

Mit freundlichen Grüßen

KUNERT AG
Vorstandsangelegenheiten
und Öffentlichkeitsarbeit
ppa. Gunther le Maire

leMaire

**Am Rande notiert**

# Bankräuber haben's auch nicht leicht

*Von Klaus Schlösser*

Krimi-Serien im Fernsehen, wer hätte es nicht längst vermutet, geben die Realität allenfalls verzerrt wieder. Der gewöhnliche Bankräuber bodenständiger Prägung ist – jedenfalls hierzulande – kein schießwütiger Desperado, der sich auf der Flucht eine wilde Verfolgungsjagd mit der Polizei liefert. Die Wirklichkeit sieht zumindest im Allgäu ganz anders aus. Vor Gericht, in größerem Abstand zur Tat, werden mitunter kabarettreife Szenen lebendig, die zum Lachen reizen würden, wenn das Thema nicht gar so ernst wäre – vor allem für Geiseln, die in der Gewalt dieser Straftätern waren, oder für Bankangestellte, die schon einmal in den Lauf einer Schußwaffe blicken mußten.

**Anfang Januar 94:** Ein 34jähriger wird zu zwei Jahren auf Bewährung verurteilt. Mit über drei Promille Alkohol im Blut stellte sich der unmaskierte Ostallgäuer in Marktoberdorf der Bankangestellten erst mit richtigem Namen vor. Dann zog er eine Schreckschußpistole und ließ sich 27000 Mark aushändigen: „So viel hätt's nicht sein brauchen", bedankte er sich brav und wankte zum nahen Bahnhof, wo er am Kiosk einen „Flachmann" Schnaps kaufte. Die Polizei hatte keine Mühe, ihn zu finden: Er trug – Mitte Oktober – einen knallroten Anorak und eine rote Pudelmütze.

**Ende Januar 94:** Ein 48jähriger wird zu viereinhalb Jahren verurteilt. Der Familienvater war mit seinen Nerven so sehr am Ende, daß ihm die Hand zitterte, als er in der Sparkasse Oy-Mittelberg die Spielzeug-Waffe auf eine Geisel richtete und aus Versehen abdrückte. Das leere Klicken war deutlich zu hören. Dennoch erbeutete er 9000 Mark. Noch im Bankraum zog er die Strumpfmaske vom Kopf und ließ sich von der automatischen Kamera messerscharf fotografieren. Das Fahndungsbild führte zur Identifizierung.

**Ende Juli 94:** Ein 27jähriger wird zu sechs Jahren verurteilt. Nach dem bewaffneten Überfall auf die Sparkasse in Dietmannsried (Oberallgäu) mit Geiselnahme hatte der Täter vergessen, wo er sein Fluchtauto geparkt hatte. Bei der stundenlangen Suche im Ort lief er der Polizei in die Arme. Auf die Routinefrage, wo er herkomme, antwortete der 27jährige „vom Tierarzt", obwohl er kein Tier bei sich hatte, dafür aber noch die Beute in der Hosentasche.

**Mitte September 94:** Ein psychisch kranker Oberallgäuer wird vom Gericht in eine Klinik eingewiesen. Der 38jährige hatte mit allen Mitteln versucht, ins Gefängnis zu kommen. Nachdem er im Lindauer Spielcasino seine letzte Barschaft versetzt hatte, ging er in eine Bank und schob einen Zettel in die Kassenbox: „50000 Mark, sonst fliegt die Bank in die Luft." Als die Kassiererin hellauf lachte, fragte der Räuber: „Soll ich wieder gehen?" Auf die Antwort „na, klar" verließ der Mann die Bank, ließ sich in einem Restaurant nieder und speiste ausgiebig, bis der Wirt wegen Zechprellerei die Polizei holte.

**Dezember 94:** Ein 32jähriger mit Psychose wird zu zwei Jahren auf Bewährung und Geldbuße verurteilt. Als Maske hatte er eine „blickdichte" Strumfhose seiner Frau erwischt. In der Sparkasse Oy-Mittelberg tappte er fast im dunkeln und merkte nicht, daß der Filialleiter ihn im Auto verfolgte. Kaum war der 32jährige vom Bankraub heimgekehrt, läutete schon die Polizei an seiner Türe.

Göttingen, den 15.2.1996

Absender:
Volker Losch - An der Tränke 10 - 37079 Göttingen

An
Jack Daniel's Distillery
Lynchburg

**USA Tennessee 37352**

Sehr geehrte Damen und Herren,

ich kann eigentlich gar nix: Morgens kann ich schon nicht aufstehen, weil ich die ganze Nacht nicht schlafen konnte, dann kann ich auch nicht frühstücken, weil ich ja auch nicht einkaufen kann. Was ich aber richtig gut kann, findet perfekte Vollendung in der Kombination mit dem Wort "langsam": Am liebsten schaukel' ich ganz langsam und bedächtig in meinem Schaukelstuhl auf der Veranda, genieße dabei eine langsame Pfeife, führe gute, langsame Gespräche mit meinen Freunden, spiele sehr gerne, gut und langsam Dame und lasse die Arbeit ganz, ganz langsam auf mich zukommen - um dann langsam aber sicher vor ihr zu flüchten.

Und ob dieser meiner Eigenarten riet mir ein Freund, doch mal bei Ihrer Jack Daniel's Distillery nach einem ruhigen Job anzufragen, denn angeblich stellen in Lynchburg einige ausgewählte, mir ähnliche Gemütsherren nach traditioneller Art Ihren Premium Tennessee Whiskey her. Und dieser erhält nur seine vollendete Reife, weil ihn eben langsame Männer - wie Ihre in den Werbespots gezeigten, kappentragenden Mitarbeiter zu sein scheinen - in aller Ruhe reifen lassen. Und genau das ist meine Berufung, so daß ich mich heute bei Ihnen bewerben möchte, in Ihrer Jack Daniel's Destillery ein "Arbeits"-Kollege der beiden Slow Downer zu werden. Nichts wäre für mich schöner, als zwischen großen Holzfässern zu sitzen, eine langsame Partie Dame zu spielen, ein langsames, tiefschürfendes Gespräch zu führen und dann und wann mal ein Holzfaß auf einen Pick up zu rollen.

Ich hoffe, daß ich Sie mit meinen langsamen Qualitäten von meiner Eignung als Slow Downer überzeugen konnte. Oder sollte ein Mitarbeiter tatsächlich noch andere Eigenschaften aufweisen, um den Jack Daniel's reifen zu lassen? Dann wäre ich Ihnen natürlich sehr dankbar, wenn Sie mir diese noch mitteilen könnten, damit ich mich langsam auch in diese Anforderungen hineinarbeiten kann. Außerdem interessiert mich natürlich auch noch Ihre Entlohnung für diese anstrengende, langwierige Tätigkeit, die Anzahl der bezahlten Urlaubstage, um vom Streß auszuspannen und neue Dame-Taktiken auszuarbeiten, und des weiteren würde ich gerne Einzelheiten über Ihre Krankenversicherung der Mitarbeiter erfahren, da Rückenschmerzen vom langen Sitzen wohl eine spezifische Jack-Daniel's-Mitarbeiterkrankheit sein dürfte. Bitte schreiben Sie Ihre Antwortzeilen sehr langsam, denn leider kann ich auch nicht sehr schnell lesen.

Also verbleibe ich voller Hoffnung auf einen Traumjob und bedanke mich schon jetzt für Ihre Bemühungen.

Mit freundlichen und langsamen Grüßen

Wenn Sie mehr darüber wissen wollen, wie wir unseren Jack Daniel's herstellen, schreiben Sie uns nach Lynchburg, Tennessee 37352, USA.

DAS SCHILD AM TOR zur Jack Daniel's Distillery sagt eine Menge über uns.

„Langsamer", steht dort, „Sie befinden sich im Jack Daniel's Country". Immer wieder sprechen uns Besucher auf das Schild und besonders auf unser geruhsames, beschauliches Leben an. Wir stellen hier in Lynchburg nach traditioneller Art einen Premium Tennessee Whiskey her, der über viele Sommer und Winter hinweg zu außergewöhnlicher Milde reift. Natürlich kann man Whiskey auch schneller herstellen. Aber bei einem Vergleich werden Sie schmecken, warum es uns widerstrebt, gegen das Motto unseres Schildes zu verstoßen.

Import: BACARDI GMBH, HAMBURG

JACK DANIEL'S TENNESSEE WHISKEY

BACARDI GMBH

BACARDI GMBH · POSTFACH 10 31 40 · D-20021 HAMBURG

SPITALERSTRASSE 16 · 20095 HAMBURG
TELEFON (040) 33 95 0-0
TELEFAX (040) 33 95 02 14
TELEGRAMM BACARDI HAMBURG

TELEFON-DURCHWAHL 33 95 0- 254
BEI ANTWORT BITTE ANGEBEN M2/Bi/sh

Herrn
Volker Losch
An der Tränke 10

37079 Göttingen

IHRE NACHRICHT VOM IHRE ZEICHEN DATUM 21.02.96

**Ihre Bewerbung vom 15.02.1996**

Sehr geehrter Herr Losch,

wir danken Ihnen für Ihre Bewerbung sowie für Ihr Interesse an dem von uns vertriebenen Produkt JACK DANIEL'S Tennessee Whiskey.

Obgleich Sie einigen Anforderungen eines Jobs bei der JACK DANIEL Distillery durchaus entsprechen mögen, können wir als Distributeur dieser Marke in Deutschland leider keine Stellung zu Personalfragen in Lynchburg nehmen. Da wir unserem Auslandshaus derart qualifizierte Mitarbeiter jedoch nicht vorenthalten möchten, leiten wir Ihre Bewerbung gerne an die JACK DANIEL Distillery weiter ...

... allerdings könnte die Antwort etwas auf sich warten lassen. Also schaukeln Sie noch eine Weile langsam in Ihrem Schaukelstuhl auf der Veranda, genießen Sie dabei eine langsame Pfeife ... und die anliegende Miniatur-Flasche JACK DANIEL'S Tennessee Whiskey!

Mit freundlichen Grüßen

BACARDI GMBH
i. A.

Barbara Bilitzki

GESCHÄFTSFÜHRER: JOACHIM H. PEYCKE, DR. RICHARD STRIESE · SITZ DER GESELLSCHAFT: HAMBURG · AMTSGERICHT HAMBURG
HRB 14 390 · DEUTSCHE BANK 46 92 000 (BLZ 200 700 00) · POSTGIROAMT HAMBURG 274 25-206 (BLZ 200 100 20) · BBN. 40 13400 0

Göttingen, den 28.12.1995

Absender:
Volker Losch - An der Tränke 10 - 37079 Göttingen

An
Volkswagen AG
Vertrieb Inland
- Verkaufssteuerung VW Pkw -

**D- 38436 Wolfsburg**

Sehr geehrte Damen und Herren,

Ihr letzter Werbespot bezüglich des neuen VW Polos hat mich sehr froh und zuversichtlich gestimmt. Zuversichtlich deshalb, weil ich nun auch als mittelloser Student die Chance erhalte, endlich einmal in den Genuß eines Neuwagens zu kommen. Waren meine finanziellen Möglichkeiten bisher sehr beschränkt, änderte sich dieses nach der Betrachtung ihres Werbespots abrupt. Die in diesem Filmlein vorgestellte neue Währung macht es möglich:

"Der neue Polo - viel Auto für wenig Mäuse!"

Heissa, Juchee, Heihopsassa! Mein Herz und mein Portemonnaie taten einen großen Hupfer, und in meiner Phantasie sah ich mich schon hinter dem Steuer eines grünen VW Polos sitzen, dessen Sicherheitsausstattung mit Airbag und Seitenaufprallschutz ein angenehmes Fahrgefühl verbreitet, so daß mich dieses neue Auto über den tristen Straßenasphalt hinfort zu den wunderschönsten Orten und Raststätten dieser Welt entschweben läßt. Welch' gar köstliche Aussichten: endlich ein eigenes Auto - und alles nur für wenig Mäuse!

Was aber sind wenig Mäuse? "Volker", dachte ich, "bevor dieses glänzende Angebot verfällt, sende den netten Menschen und Mäusefans von VW doch eine Vorauszahlung, damit diese günstige Gelegenheit nicht ungenutzt vorüberzieht!" Gedacht, getan: Also lasse ich Ihnen heute per Vorkasse schon eine kleine Anzahlung von zwei Mäusen zukommen, damit ich mir mit diesem Schreiben schon meinen neuen Traumpolo sichern kann. Jetzt interessiert es mich natürlich sehr, wieviele Mäuse ich Ihnen zur restlosen Begleichung meiner Polo-Rechnung noch schulde, und wann ich meinen Polo ausgeliefert bekomme? Da ich annehme, daß mein beiliegender Mäusebetrag großzügig bemessen ist, gehe ich davon aus, daß höchstens noch zwei oder drei Mäuse - je nach den von mir gewünschten Extras - auf Ihr Mäusekonto überwiesen werden müssen und Sie deshalb schon bald meinen Traum von einem eigenem Polo erfüllen werden - Jipee!

Voller Vorfreude auf den neuen Polo und auf Ihre positive Nachricht bedanke ich mich schon jetzt für Ihr großzügiges Angebot und Ihre Bemühungen, so daß ich mit freundlichen Grüßen verbleibe. Diese soll ich Ihnen, liebes VW-Mäuseteam, auch von meinen weißen Mäusen, Gummibärchen und Lakritz-Kätzchen ausrichten.

Anlage: 2 eßbare, süße Gummi-Mäuse

VOLKSWAGEN

Volkswagen AG · D-38436 Wolfsburg

Herrn
Volker Losch
An der Tränke 10

37079 Göttingen

| Ihre Zeichen | Ihre Nachricht vom | Unsere Zeichen | Hausruf | Telefax | Datum |
|---|---|---|---|---|---|
| | 28.12.95 | Vertrieb Deutschland<br>1916/H. Aschenbrenner-fie<br>Verkaufssteuerung VW Pkw | 9-71504 | | 29.12.1995 |

Sehr geehrter Herr Losch,

viele Mäuse fehlen jetzt in der Tat nicht mehr, um den Polo zu kaufen. Aber leider können wir Ihre Vorauszahlung nicht für Ihr neues Fahrzeug verwenden, da wir mit Ihnen direkt keinen Kaufvertrag abschließen können.

Damit sind Ihnen die Volkswagen-Partner vor Ort aber sicher gern behilflich. Für welchen Sie sich entscheiden, liegt in Ihrem Ermessen. Aber: Eile ist geboten - viele Gleichgesinnte haben sich in den letzten Wochen auf den Weg gemacht, ihren Mäusebeitrag entrichtet und warten jetzt auf die Auslieferung ihres neuen Polo oder fahren bereits damit herum. Daher ran an den Speck.

Mit freundlichen Grüßen

M. Aschenbrenner

PS: Wir haben lange überlegt, ob wir Ihre Vorauszahlung an Sie zurückgeben, damit sie über Sie den richtigen Empfänger findet. Aber dann haben wir uns entschlossen, im Rahmen einer kleinen Jahresabschlußfeier den Mäusespeck zu verputzen und Ihnen dafür als kleinen Vorgeschmack auf den großen Polo, einen kleinen Polo "Harlekin" zu schicken.

Göttingen, den 1.2.1996

Absender:
Volker Losch - An der Tränke 10 - 37079 Göttingen

An
Langnese Iglo
Dammtorwall 15

**D- 20355 Hamburg**

Sehr geehrte Damen und Herren,

heute möchte ich Ihnen von einem Problem berichten, welches ohne eines Ihrer Produkte niemals aufgetreten wäre: Magnum. Denn alle Personen in meinem näheren Umfeld sind extreme Magnum-Fans, und ihr echter Alptraum ist es, einen Kühlschrank ohne Magnum zu haben. Diese Tatsache allein ist noch nicht verdammungswürdig, allerdings ist die telefonische Erreichbarkeit dieser Magnum-Hooligans als eine mathematische Folge zu betrachten, die gegen Null geht. Denn wenn ich versuche, jemanden aus meinem Freundeskreis zu erreichen, ist die Wahrscheinlichkeit sehr groß oder nahezu 100%, daß sich dieser Mensch gerade mitten in seiner Magnum-Genieß-Zelebration befindet - und Sie wissen ja: "Ich und mein Magnum, wenn dann das Telefon klingelt, laß' ich es einfach weiterklingeln!" Leider bin ich dann meist derjenige, der am anderen Ende der Leitung ein kühlendes Mittel benötigt, um die mit jedem Piepton steigende Wutanwallung herunterzutemperieren.
Was also raten Sie mir, um wieder ein ungestörtes Treffen oder einen Plausch via Telefon mit Freunden erleben zu dürfen? Leider unterliegen die Magnum-Mahlzeiten meiner Freunde keinen terminlichen Zwängen, sondern werden immer zu unterschiedlichen Zeiten eingenommen, so daß auch eine zeitliche Absprache oder Eingrenzung der telefonischen Erreichbarkeit nicht zu realisieren ist.

Ich von meiner Seite würde mich sehr freuen, wenn sie zu Ihren Magnum Großpackungen immer einen Anrufbeantworter als Gimmick addieren, damit für mich die Möglichkeit besteht, meinen Wunsch zumindest auf Band zu hinterlassen und anschließend auf den Rückruf meines Freundes zu warten.

Oder was haben Sie für einen Vorschlag, mein Problem zu lösen? Möglicherweise haben Sie schon ähnliche Erfahrungen mit diesem speziellen Magnum-Umstand machen müssen, so daß es Ihnen ein leichtes sein wird, mich aus meiner Situation der sozialen Isolation zu befreien. Deshalb verbleibe ich voller Vorfreude auf Ihre Antwort und bedanke mich schon jetzt für Ihre Bemühungen.

Mit großkalibrigen und eineinhalblitrigen Grüßen

Herrn
Volker Losch
An der Tränke 10

37079 Göttingen

Hamburg, den 27.02.1996
121

Sehr geehrter Herr Losch,

vielen Dank für Ihren netten Brief.

Die von Ihnen geschilderte Situation ist nicht neu für mich, und ich kann Sie gut verstehen. Immer mehr Menschen nehmen den Genuß eines gut gekühlten **Magnum** zum Anlaß, einmal der Hektik und dem Streß des Alltags zu entfliehen und es sich - wie wir Hamburger sagen - so richtig kommodig zu machen. Diesem Phänomen - nennen wir es doch "die neue Gemütlichkeit" - mittels Telefonanrufen zu begegnen - ist, als wollte man ein Pferd von hinten aufzäumen. Ist nicht heutzutage das Telefonklingeln nahezu ein Synonym für Streß? Was liegt da näher, als Füller und Papier zur Hand zu nehmen und den alten Freunden Briefe zu schreiben. Daß Ihnen diese Art der Kommunikation liegt, haben Sie doch mit Ihrem Brief an uns bewiesen! Nun stellen Sie sich Ihre Freunde bei ihren **Magnum**-Celebrations vor, wenn diese dazu noch einen lieben Brief lesen können. Wer würde da nicht nach erfolgter Stärkung anrufen oder - vielleicht ißt er ja gerade sein **Magnum** - zurückschreiben?

Als kleine Anerkennung für Sie und Ihren **Magnum**-Freundeskreis sind die Pins gedacht, die Ihnen hoffentlich Freude machen.

Mit freundlichen Grüßen
LANGNESE-IGLO GMBH
Verbraucherberatung

Lucia Frenking

Anlage

LANGNESE-IGLO GMBH
POSTFACH 10 40 29
20027 HAMBURG

TELEFON (040) 35 97 01
TELEX 2 163 316 UDL D
TELEFAX (040) 35 97 24 45

SITZ: DAMMTORWALL 15
20355 HAMBURG

BANKKONTO:
COMMERZBANK AG HAMBURG
6 140 008 (BLZ 200 400 00)

POSTBANK:
HAMBURG 753 82-205
(BLZ 200 100 20)

REGISTERGERICHT HAMBURG NR. 4030

Göttingen, den 15.1.1996

Absender:
Volker Losch - An der Tränke 10 - 37079 Göttingen

An
Ralston Energy Systems
Max-Planck-Straße 30

**D- 40699 Erkrath**

Sehr geehrte Damen und Herren,

ich bin ein direkter Nachfahre des relativ unbekannten Forschers Dr. Frankenstein und beschäftige mich ebenfalls mit der Wissenschaft meines Ur-Ur-Urgroßvaters. Auch ich habe einen künstlichen Menschen entwickelt, der ohne Übertreibung als perfekt zu bezeichnen ist: Optisch ist mein Modell jeder denkbaren Person anzupassen, da ein von mir entwickeltes computergesteuertes Weichgummi-Spritzgußverfahren alle erdenklichen Körper- und Gesichtsformen nach einem zuvor eingescannten Foto herstellt; Haut- und Gesichtslackierung natürlich inbegriffen. Gleiches gilt auch für die individuelle Stimme eines Menschen, wenn bei der Bestellung eines Roboters die entsprechenden Tonbeispiele miteingesandt werden. Über das Innenleben meiner Menschen möchte ich nicht zuviel verraten, aber ein hochentwickeltes, ebenfalls computergesteuertes hydraulisches System ermöglicht eine äußerst präzise Steuerung der Feinmotorik - selbst der Mimik! Dementsprechend kann ich meine Lebewesen nach einigen Filmbeispielen auch die individuellen gestischen und mimischen Gebärden der gewünschten Person erlernen lassen. Möglicherweise haben Sie die Neujahrsansprache unseres Staatsoberhauptes gesehen: Zwar wiederholte dieser die Rede des Vorjahres, aber ansonsten war mein Politiker doch perfekt - ja, Sie haben richtig gelesen, denn der im Fernsehen gezeigte Mensch war ein von mir geschaffener Android. Also: Die plumpen Bewegungen, die Schrauben am Hals, das kantige Gesicht, die Narben am ganzen Körper und die weiteren Merkmale der künstlichen Menschen, die von meinem Vorfahren erschaffen wurden, gehören endlich der Vergangenheit an. Heute kann ich allen Kunden einen perfekten Doppelgänger nach allen Wunschvorstellungen produzieren und liefern, wenn nicht, und deshalb wende ich mich an Ihr Unternehmen, ja, wenn da nicht das Problem der Energieversorgung wäre.

Leider sind meine Menschen noch von der Steckdose abhängig, so daß sie immer noch ein Kabel aus dem Allerwertesten mit sich herumtragen müssen - quasi die Nabelschnur meiner Liebsten (das betreffende Kabel wurde während der Neujahrsansprache natürlich gut verdeckt). Meine Versuche, Batterien oder Akkumulatoren einzusetzen, schlugen allesamt fehl: Entweder hielten diese nur ca. 10-15 Minuten oder deren Leistung reichte nicht aus, um die notwendigen Bewegungen meiner Kreationen durchführen zu lassen. Deshalb möchte ich Sie heute um Ihre Unterstützung bitten, denn Sie als Batteriehersteller haben mit Sicherheit große und exquisite Erfahrung in diesem Bereich. Was habe ich falsch gemacht? Sind meine Ansprüche zu hoch geschraubt? Ich wäre Ihnen sehr dankbar, wenn Sie mir Ihre Expertenmeinung bezüglich des Energieversorgungsproblemes mitteilen könnten. Möglicherweise können Sie mir Anregungen nennen, die sich in dieser Art und Weise noch nicht für mich erschlossen haben? Voller Vorfreude auf Ihre Antwort verbleibe ich und bedanke mich schon jetzt für Ihre Bemühungen.

Mit freundlichen, strom- und monsterlosen Grüßen

RALSTON ENERGY SYSTEMS

Energizer

UCAR

WONDER

Herr
Volker Losch
An der Tränke 10

37079 Göttingen

24.01.1996

Sehr geehrter Herr Losch,

Recht haben Sie, wenn Sie sich mit Ihren Energieversorgungsproblemen an unser Haus wenden, denn als der weltweit größte Anbieter von Gerätebatteien verfügen wir in der Tat über einen nahezu unbegrenzten Erfahrungsschatz. So haben wir doch z.B. auch schon fachmännischen Rat auf eine Anfrage nach Legebatterien für glückliche Hühner gegeben.

Ihr Fall scheint relativ einfach, da Ihre Androiden Ihrer Aussage nach 1:1 Kopien sind, also Raum für reichhaltiges Innenleben bieten. Wenn Sie jede motorische Bewegung mit einer gesonderten Energiequelle versorgen, ist die Frage der Leistung und der Betriebsdauer kein Problem mehr. Erschwerend im wahrsten Sinne des Wortes könnte sich das Gewicht der vielfachen Batterieeinschübe erweisen, aber auch hier können wir helfen:
Nutzen Sie die ENERGIZER Hi Energy Lithium Mignon Batterie, sie verfügt über eine im Durchschnitt 3-fach höhere Leistung gegenüber Alkalibatterien und ist zudem noch 30 % leichter; somit also wie geschaffen für Ihre Kreaturen. Als Back-up könnten auch Solarzellen eingesetzt werden, gut geeignet bei Kopien von Herren mit Glatze, aber auch bei Damen mit ausladender Oberweite (Voraussetzung Dekolleté). Der Einsatz von Akkus ist nur bedingt zu empfehlen, da hier häufig der Gang zur Steckdose notwendig ist. Oder wollen Sie den Geklonten ein SEA (Stromerzeugungsaggregat) ins Handgepäck geben ?

Unsere Empfehlung lautet also: Nutzen Sie die ENERGIZER Hi Energy Lithium Mignon. Diesen Typ Batterie gibt es übrigens nur bei uns, es erübrigt sich also ein Einholen von Wettbewerbsangeboten !

Ihrer Bestellung sehen wir mit Freude entgegen.

Mit freundlichen Grüßen

**RALSTON ENERGY SYSTEMS**
**Deutschland GmbH**

i.V. H.C. Hartmann
Area Marketing Manager

**Ralston Energy Systems**
**Deutschland GmbH**
Max-Planck-Straße 30
40699 Erkrath
Postfach 3243/3253
40682 Erkrath

Geschäftsführer:
Dipl.-Kfm. Dirk Krüssenberg
Dipl. Volksw. Günter F. Hübner
Sitz der Gesellschaft: 40699 Erkrath
Registergericht:
Amtsgericht Mettmann HRB 2500

Commerzbank Düsseldorf
(300 400 00) 2 022 010
Deutsche Bank Düsseldorf
(300 700 10) 3 933 926
Dresdner Bank Düsseldorf
(300 800 00) 551 556 700

Telefon 02 11/2 50 00 - 0
Telefax 02 11/2 50 00 - 10
Teletex (17) 211 45 36=ralston

Göttingen, den 11.1.1996

Absender:
Volker Losch - An der Tränke 10 - 37079 Göttingen

An
MAPA
Industriestraße 21 - 25

**D- 27404 Zeven**

Sehr geehrte Damen und Herren,

gestern hatte meine Freundin Geburtstag, und so dachte ich mir, sie mit einem lustigen Geschenk zu überraschen. Dazu erwarb ich sieben bunte Luftballons mit der Aufschrift "I love you", deren kräftige Farbe und passenden Aufdruck ich gemeinsam mit ihr genießen wollte.

Doch als ich dann des Abends nach der überstandenen Feier zu meiner Freundin unter die Bettdecke schlüpfte und nach gewissen Zärtlichkeiten die von Ihnen produzierte lustige Gummihülle überstreifen wollte, begann schon das Durcheinander: Zuerst einmal machte mich stutzig, daß die sieben Gummihüllen nicht einzeln verpackt und mit keiner Prüfnummer versehen waren; auch die Bedienungsanleitung fehlte. Nun ja, sind eben Spaß-Kondome, die brauchen nicht unbedingt Verhütungsaufgaben zu übernehmen, und bedienen kann ich die erheiternden Gummigeräte schon ohne schriftliche Anleitung. Also, "Gib Gummi!" dachte ich, aber als ich dann den roten Ballon dem betriebsbereiten nachträglichen Geburtstagsgeschenk überstreifen wollte, hatte ich echte Schwierigkeiten, den Plan zu vollbringen. Die runde verdickte Öffnung war viel zu klein und der Gummi war auch nicht aufgerollt, wie sonst üblich. Und so geschah, was passieren mußte: der rote Ballon riß und war dahin. Nun mußte der Gelbe ran, bzw. rauf, und nach ähnlichen, zuvor erlebten Schwierigkeiten klappte es auch. Aber was soll ich Ihnen sagen? Das Ergebnis sah zwar sehr lustig aus, aber das Samenreservoir war übertrieben groß und zudem noch mit Luft gefüllt, so daß die weitere Geburtstagszeremonie wegen verständlicher Schwierigkeiten nicht in der geplanten Art und Weise fortgeführt werden konnte. Auch der eigentliche Witz, der "I love you"-Druck auf dem Gummi, kam nicht richtig zur Geltung, so daß ich resümierend zusammenfassen kann: Spaß ohne Ende, aber ein anderes, als erwartet! Wie konnte diese Situation zustande kommen? Habe ich etwas falsch gemacht? Oder ist es die Absicht Ihres Unternehmens, mit Ihren Gummis taschenlampenähnliche Gebilde in die Lendengegend eines Mannes zu zaubern? Ich wäre Ihnen sehr dankbar, wenn Sie mich bezüglich meiner gummiösen Erlebnisse aufklären könnten, und ob Ihnen möglicherweise schon ähnliche Erfahrung von anderen Konsumenten zu Ohren kamen. Deshalb freue ich mich auf Ihre alles klärende Antwort und bedanke mich schon jetzt für Ihre Bemühungen.

Voller Hoffnung, daß Sie mich nicht in eine Gummizelle einweisen, verbleibe ich mit freundlichen Grüßen

Volker

MAPA

MAPA GmbH · Gummi- und Plastikwerke · Postfach 12 60 · 27392 Zeven

**Volker Losch**
**An der Tränke 10**

**37079 Göttingen**

| Ihre Nachricht | Ihre Zeichen | Fachbereich | Unsere Zeichen | Durchwahl | Tag |
|---|---|---|---|---|---|
| | | VC | tk | 73-437 | 16.01.96 |

**Sehr geehrter Herr Losch,**

**wir beziehen uns auf Ihr Schreiben vom 11.11.95 und möchten uns zunächst für Ihr Interesse an unseren Produkten bedanken.**

**Zu Ihrem Problem mit den „Gummis" kann man nur sagen:**

**Wenn man/frau richtig bläst, erfüllt unser Produkt seinen Zweck!**

**Wir wünschen Ihnen weiterhin viel Spaß mit unseren „Gummis" und verbleiben**

**mMit freundlichen Grüßen**
**M A P A G m b H**
**Gummi- und Plastikwerke**

T. Klein

**i. A.**
**Tanja Klein**

Postanschrift (postal address): Postfach 12 60, D-27392 Zeven. – Lieferanschrift (Warehouse): Industriestraße 21–25, D-27404 Zeven
Telefon: (0 42 81) 73-0, Telefax: (0 42 81) 73-241, Telex: 2 49 619 mapa d, Telegramm: mapavex. – bbn 40086002, USt.-IdNr.: DE 116 922 139
Sparkasse Zeven (BLZ 241 512 35) 418 004, Zevener Volksbank e. G. (BLZ 241 615 94) 41 190 600, Postbank Hannover (BLZ 250 100 30) 2236-308
Handelsregister Zeven HRB 185, Geschäftsführer: Peter G. Hülss, Dipl.-Kfm. – Ein Unternehmen der **hutchinson** Gruppe

Göttingen, den 9.2.1995

Absender:
Volker Losch - An der Tränke 10 - 37079 Göttingen

An
Lingner + Fischer
Hermannstraße 7

**D-77813 Bühl**

Sehr geehrte Damen und Herren,

schon seit langem benutze ich Ihre Zahnbürste "Dr. Best", für die Sie einige Zeit äußerst intensiv geworben haben: Dazu stellte ein Mann - ist dieser Herr wirklich der Dr. Best??? - das Patent des Schwingkopfes vor, indem er seine Wirkungsweise an einer Tomate verglich, die als Ersatz für das empfindliche Zahnfleisch gewählt wurde. Und dieser Schwingkopf dosierte den Druck der Borsten auf die Haut der Tomate in der Weise, daß er diese nicht verletzte. Für den Verbraucher läßt dies den Schluß zu, daß diese Zahnbürste genauso schonend für das Zahnfleisch ist.

Nun, ich habe diesen Versuch auch bei mir zu Hause durchgeführt, kam aber zu unterschiedlichen Ergebnissen: Bei den Hollandtomaten aus dem Aldi Markt verletzte Ihre Zahnbürste die Außenhaut der Tomate ganz erheblich, während die Hälfte meiner Gartentomaten aus eigener Hege und Pflege diesem Druck der Borsten standhalten konnten.

Läßt diese Feststellung den Schluß zu, daß unsere holländischen Mitmenschen Ihre Zahnbürste besser nicht benutzen sollten, weil sie ihr Zahnfleisch verletzten würden? Oder spricht dieser Test nur für die Qualität meiner Haustomaten aus biologischem Anbau? Den Druck der Bürste auf die Tomate habe ich aus der Anleitung in Ihrem Werbefilm sehr genau dosieren können, so daß die Versuchsbedingungen eigentlich identisch waren. Oder haben Sie vielleicht bei den Borsten gemogelt? Möglicherweise haben Sie aber auch der Tomate als zusätzlichen Hautschutz einen Tesafilmstreifen aufgeklebt - ähnlich wie bei dem Zaubertrick mit einer Nadel im Luftballon?

Weiterführend habe ich festgestellt, daß die Haut der Tomate am wenigsten verletzt wurde, wenn Sie mit einem Mundwasser in Berührung kam. Zahnseide hingegen konnte ihre Haut sehr schnell trennen.

Leider hatte ich bei den Testreihen einige Unkosten in Form von Zahnbürsten Ihrer Marke, so daß ich Ihnen einen kleinen Handel anbiete: Ich überschreibe Ihnen hiermit die Rechte an der Nutzung und Veröffentlichung meiner Testergebnisse, und Sie lassen mir dafür ein kleines Dankeschön für meine Bemühungen als kritischer Verbraucher zukommen. Meiner Ansicht nach ist dies ein faires und für Sie eventuell sehr reizvolles Angebot.

Ich bedanke mich schon jetzt für Ihre Bemühungen und verbleibe in freudiger Erwartung auf Ihre Antwort.

SmithKline Beecham
Consumer Healthcare
Lingner + Fischer GmbH

Lingner + Fischer GmbH · Postfach 14 64 · D-77804 Bühl

Herrn
Volker Losch
An der Tränke 10

37079 Göttingen

21.03.1995
LMP-GHR-VZ

Sehr geehrter Herr Losch,

bitte werten Sie die etwas verzögerte Beantwortung Ihres Briefes vom 09.02.1995 nicht als mangelndes Interesse an Ihren detailliert geschilderten Erkenntnissen aus persönlich durchgeführten Tests mit der Dr. Best Zahnbürste.

Vielleicht dürfen wir einführend ein grundsätzliches Mißverständnis aufklären. Nicht der Schwingkopf dosiert den Anpreßdruck der Borsten auf die Tomate, was im übertragenen Sinne, wie Sie richtig vermerken, auf das Zahnfleisch heißt, sondern das Federelement im Bürstenstiel, das auch bei der Dr. Best Flex Plus und bei der Dr. Best Flex Interdent ein wesentliches Konstruktionsmerkmal darstellt. Der Schwingkopf ermöglicht zudem eine bessere Reinigung auf den Innenseiten der Zahnbögen, aber das wird ja von Dr. Best, der auch im wirklichen Leben Professor der Zahnmedizin ist, eindrucksvoll und separat demonstriert.

Insofern stellt sich jetzt die Frage, ob das von Ihnen festgelegte Testdesign überhaupt vergleichbar ist, oder ob Sie doch mit Augenmerk auf die Flexzone getestet haben und in Ihrem Schreiben nur die Bürstentypen verwechselt haben. Möglich wäre dies, da der Test ja schon einige Zeit zurückliegen muß. Wo sollten Sie auch jetzt die Freilandtomaten hernehmen. Frische, knackig-gesunde Freilandware ist übrigens auch der Standard, der den symbolhaften Vergleich mit gesundem, normal entwickelten Zahnfleisch zugrunde liegt.

Mit schlaffen Treibhaustomaten könnte man bestenfalls erblich bedingte Zahnfleischschwächen assoziieren. Unzulässig ist allerdings der Versuch von der unterstellten Tomatenqualität eines Landes auf die Beschaffenheit des Zahnfleisches seiner Bewohner zu schließen, zumal aus Holland auch Tomaten kommen, die dem Vergleich mit hiesigem Anbau standhalten. Ergo können die Dr. Best Zahnbürsten auch bei unseren holländischen Freunden ihre zahnfleischschonende Wirkung entfalten.

.../2

Lingner + Fischer GmbH
Herrmannstraße 7
D-77815 Bühl
Telefon: 072 23 988-0
Telefax: 072 23 988 211
Telex: 78 761

Handelsregister:
AG Baden-Baden
HRB 646-BH

Geschäftsführung:
Manfred Scheske (General Manager)
Dr. Martin Dreger

Bankverbindung:
Commerzbank AG
Baden-Baden
BLZ 662 400 02
Konto-Nr. 115 777 5

1194.6

Blatt 2

Brief an Herrn Volker Losch, Göttingen
am 21.03.1995

Insgesamt würden Ihre Testergebnisse, die sicher mit sehr viel Mühe und unter hohem persönlichen Einsatz entstanden sind, einer wissenschaftlichen Überprüfung nicht standhalten. Daher auch unser Verzicht auf die Nutzungsrechte, was aber nicht heißen soll, daß wir Sie einfach auf Ihren Kosten sitzen lassen.

Anbei erhalten Sie die gewünschten Ersatzzahnbürsten. Freuen würden wir uns, wenn Sie die gesamte Kollektion ausschließlich ihrem bestimmungsgemäßen Zweck zuführen würden. In diesem Sinne nochmals vielen Dank für Ihren erfrischenden Brief.

Mit freundlichen Grüßen

LINGNER + FISCHER GMBH
*Kunden-Service*

Günther H. Reith

Anlage
3 Dr. Best Flex Schwingkopf mittel
3 Dr. Best Flex Interdent mittel

**Harry**
Bäcker seit 1688

GLOSSE

# Wir brechen unser Schweigen

und veröffentlichen, – ehe die Bild-Zeitung darüber berichtet, – ausschließlich für den Kreis der WIR-Leser eine Anfrage von Kommissar Stefan Derrick, dem der große BMW seines Assistenten „Harry" verdächtig vorkam. Wird „Harry" von Harry geschmiert?

Selbstverständlich! Wir geben das unumwunden zu und brechen unser bisheriges Schweigen. Seitdem die Derrick-Serie im Fernsehen läuft, erhält Assistent „Harry" regelmäßig kostenlos jede Menge Harry-Brot zugestellt, damit er kräftig und gesund und uns noch lange als billiger Werbeträger erhalten bleibt. Bedingung: in jeder Krimifolge muß mindestens 10 mal der Name des sympathischen Assistenten fallen.

Schauspieler Fritz Wepper alias **Harry Klein** aus der TV-Serie „Derrick".

Hier der ganze Wortlaut des Schreibens von Kommissar Derrick, der uns nach längerem Verhandeln gestattete, den Brief lediglich dem Kreis der Harry-Mitarbeiter zugänglich zu machen:

*Sehr geehrte Damen und Herren,*

*heute möchte ich Ihr Unternehmen in einer sehr heiklen und delikaten Angelegenheit ansprechen, so daß ich Sie zuerst um absolutes Vertrauen bitten möchte. Mein Name ist Stefan Derrick, und zur Zeit ermittele ich absolut inkognito in einer für mich sehr unangenehmen Steuersache. Möglicherweise ist Ihnen meine Person schon aus der freitäglichen Krimireihe „Derrick" bekannt, so daß Ihnen auch mein Assistent „Harry" ein Begriff sein wird.*

*Und gerade um die letztgenannte Person drehen sich meine geheimen Ermittlungen. Vertrauensvolle Zeugen und Informanten teilten mir Ihre Adresse mit, da augenscheinliche Verbindungen zwischen meinem Assistenten und Ihrem Unternehmen zu erkennen sind. Ohne Umschweife möchte ich daher zum Punkt kommen und den Lichtkegel der Schreibtischlampe direkt auf Ihr Gesicht gleiten lassen: „Gestehen Sie, ich weiß alles! Sie stecken mit Harry unter einer Decke und machen gemeinsame Sache. Reden Sie, bevor Sie sich im Gestrüpp meiner Fangfragen verheddern! Harry ist bestimmt ihr neuer ‚bakerman, is baking bread!'. Und nun verdient er sich eine gehörige Stange Geld nebenher und am Fiskus vorbei! Leugnen hat gar keinen Zweck, ich weiß genau, daß Ihr Firmenname ‚Harry' kein Zufall ist. Wie könnte sich mein Assistent sonst einen so großen BMW leisten? Es ist aus, keine weiteren Lügen! Es hat doch keinen Sinn mehr: Gestehen Sie, sonst können Sie in Zukunft nur noch ganz, ganz kleine Brötchen backen! Also los! Brechen Sie Ihr Schweigen! Das ist besser für Sie, für Harry und für uns!"*

*Ich hoffe, daß meine Verhörmethoden und meine geniale Kombinationsgabe Sie nicht allzusehr erschrecken und verblüffen, aber es wäre wirklich besser, wenn Sie mir alles erzählen, was Sie über den Fall „Harry" wissen. Auch für mich, Stefan Derrick, wäre es eine Wohltat, endlich Klarheit über die Nebentätigkeiten meines Assistenten und Freundes zu haben, bevor meine Augen noch mehr aus ihren Höhlen quellen, und mein Gang noch steifer wird. Voller Hoffnung auf Ihre Mithilfe bedanke ich mich schon jetzt für Ihre Bemühungen und bitte Sie höflichst, Ihre Nachricht möglichst diskret und ohne Harrys Wissen an meine geheime Adresse zuzusenden.*

*Mit freundlichen und kriminalistisch ausgebufften Grüßen*

*gez. Stefan Derrick*

Anmerkung der Redaktion: Diesen spitzfindigen Brief schrieb uns Volker Losch aus Göttingen. Wir haben uns köstlich amüsiert!

Göttingen, den 18.1.1996

Absender:
Volker Losch - An der Tränke 10 - 37079 Göttingen

An
Holz Henkel
Hannoversche Straße 41

**D- 37075 Göttingen**

Sehr geehrte Damen und Herren,

ich bin ein großer Freund der langen Tasse Kaffee, so daß ich speziell für diese genießerischen Stunden voller Aroma eine große Anzahl Porzellantassen erwerben durfte. Und schon komme ich auch zum Grund meines Schreibens an Ihr Unternehmen:

Denn leider fällt mir des öfteren eine Porzellantasse ob ihres heißen Inhalts oder auch nur aus purer Ungeschicklichkeit meinerseits oder seitens der Gäste zu Boden, und dann passiert natürlich immer das, was das aufschlagsempfindliche Material erwarten läßt: Schepper - klirr - zappadong - und der Henkel der Tasse zersplittert in einige unschöne, nicht-puzzlebare Einzelteile! Dann bleibt mir nichts anderes mehr übrig, als mich von diesen Porzellanschätzchen zu verabschieden und diese gen Müllhalde zu verfrachten, da ansonsten die Verletzungsgefahr zu groß wäre. Um dieser traurigen Pflicht der letzten Tassenehre nicht noch öfter nachkommen zu müssen, habe ich mir gedacht, daß man doch Tassen entwickeln könnte, die meinen Lippen zwar das angenehme Porzellangefühl erhalten, dabei aber einen Henkel aufweisen, der aus einem stabilen, nicht-zersplitternden Material besteht. Und da Kunststoff für mich nicht in Frage kommt, bleibt nur das wunderbare Naturprodukt Holz übrig!

Nun erkennen Sie auch, warum ich gerade Sie ansprechen möchte, denn Ihr Unternehmen "Holz Henkel" verbürgt schon mit seinem Namen für absolute Spitzenqualität im Sektor Tassenhenkel. Nachdem Sie nun mein Problem erkannt haben werden, möchte ich Sie freundlichst fragen, ob Sie mir eine konkrete Hilfestellung anbieten können? Haben Sie in Ihrer wahrscheinlich reichhaltigen Holz-Henkel-Palette für Tassen einige Modelle, die für mich in Frage kämen? Oder müßte ich meine leider henkellosen Porzellantassen bei Ihnen abliefern, damit Sie anhand der genauen Maße den benötigten Holz-Henkel herstellen und befestigen können? Wie befestigen Sie eigentlich Ihre Holz-Henkel an dem Pozellangefäß? Mit zwei den Becher umspannenden Schellen oder mit einem Spezialkleber?

Ich hoffe, daß ich Ihnen mein Problem einigermaßen verständlich darlegen konnte, so daß ich voller Vorfreude auf Ihre Antwort und Ihre Lösung verbleibe und mich schon jetzt für Ihre Bemühungen bedanke.

Mit freundlichen, aber leider noch henkellosen Grüßen

Telefon (05 51) 38 52-0
Telefax (05 51) 38 52 27
Postfach 23 42
Hannoversche Str. 41
37013 Göttingen
37075 Göttingen

HOLZ-HENKEL

Herrn
Volker Losch
An der Tränke 10

37079 Göttingen

Göttingen, 21.1.1996

Sehr geehrter Herr Losch,

Ihr Brief vom 19. d. M. fällt ein wenig aus dem Rahmen der üblichen Anfragen. Wenn als Absendedatum der 1. April angegeben gewesen wäre, gäbe es schon eine Erklärung; so bleibt wohl nur die Möglichkeit, Ihr Schreiben als Grundlage für eine karnevalistische Büttenrede zu nehmen.

Oder soll uns etwa die Absenderadresse „An der Tränke" daran denken lassen, daß Ihre Anfrage während des Besuches einer Gaststätte formuliert wurde? Dann könnten wir das Ganze ja ganz einfach unter dem Kennwort „Schnapslaune" ablegen.

In unserer Branche wird natürlich auch schnell gefragt, ob der Schreiber solcher Zeilen etwa ein Brett vor dem Kopf habe. Beim nochmaligen Durchlesen Ihres Briefes kam uns aber dann doch der Gedanke, daß Sie vielleicht nicht alle Tassen im Schrank haben. Es liegt uns fern, Sie durch unsere Formulierungen in irgendeiner Form beleidigen zu wollen. Nein, vielleicht wäre es wirklich besser, wenn Sie sich einen neuen Schrank für Ihre Tassen kaufen würden, vielleicht aus Massivholz von Holz-Henkel, aus welchem eine Reihe unserer Handwerkerkunden Möbel für besondere Ansprüche herstellen. Falls aber ein Regal genügen sollte und Sie dazu noch handwerklich begabt sind, so könnten Sie die dafür benötigten Glattkantbretter und Rahmen direkt von uns beziehen.

Spezialkleber, wie weiter von Ihnen angefragt, führt Holz-Henkel leider nicht. Hier könnten Sie jedoch bei einer Firma namens Henkel in Düsseldorf fündig werden. Vielleicht könnten Sie bei dieser Gelegenheit dann auch gleich in Erfahrung bringen, warum die Waschmittelpakete dieses Produzenten immer noch mit einem Tragebügel anstatt mit zwei Henkeln hergestellt werden.

Mit karnevalistischen Grüßen

Holz-Henkel GmbH & Co.

Holz-Henkel GmbH & Co. Kommanditgesellschaft · Reg. Ger. Göttingen HR A 1335 · P. h. G.: IVG Industrieverpackungsges. mbH, Reg. Ger. Göttingen HR B 769 · Geschäftsführer: Manfred Dreyer, Dr. Joachim Gerhard

Holz- und Plattenimport · Hobelwerk · Holzfachhandel · Moderne Baustoffe

Göttingen, den 4.9.1995

Absender:
Volker Losch - An der Tränke 10 - 37079 Göttingen

An
Rila
Feinkost Importe

**D- 32351 Steinwede-Levern**

Sehr geehrte Damen und Herren,

ein Zufall ließ mich meinen Blick im Feinkostregal auf Ihr Produkt "Bambussprossen" lenken, und ich muß Ihnen berichten, daß mich die Betrachtung dieser Dose erschauern ließ. Eine Spezialität aus Thailand, heißt es weiter auf dem Verpackungsblech, und Sie scheuen sich auch nicht davor, ein Rezept für diese Bambussprossen abzudrucken.

Also, ich kann es nicht mit meinem Gewissen vereinbaren, Ihre, bzw. die thailändischen Bambussprossen zu kaufen und zu verzehren. Sofort entwickelt sich in mir das grausame Bild der armen thailändischen Bauern, die ihre löchrige Regenrinne möglicherweise nicht reparieren können, weil von Ihnen beauftragte Bambussprossenjäger die Sprossen der bäuerlichen Bambusleiter gestohlen haben. Wahrscheinlich werden die beiden seitlichen Holme der Bambusleiter nach der blutigen Jagd achtlos weggeschmissen, weil Sie nur an den Sprossen als Delikatesse interessiert sind. Und die armen Bauern haben dadurch das Nachsehen: keine Glühlampe kann ausgewechselt werden, kein Bild kann mehr aufgehängt werden, die Familie kann nicht neu tapezieren, auch die Wände können nicht mehr gestrichen werden, und noch nicht einmal das Pflücken der Kirschen und Pflaumen können sie ohne die Bambusleiter regeln. Haben Sie angesichts dieser lebensfeindlichen Widrigkeiten, die von Ihnen verursacht werden, kein schlechtes Gewissen gegenüber diesen leiterlosen Menschen?

Ich für meinen Teil finde es sehr grausam, hilflosen thailändischen Bauern die Leitern zu rauben und diesen dann ohne Betäubung die begehrten Sprossen zu entreißen. Was halten Sie von meinen Anschuldigungen? Sind sie gerechtfertigt? Oder können Sie mir gute Argumente aufzählen, die den Verkauf von Bambussprossen erlauben? Ich wäre Ihnen für eine Beantwortung meiner Fragen sehr dankbar und bedanke mich schon jetzt für Ihre Bemühungen.

Mit freundlichen Grüßen auch von meiner Alu-Leiter, an denen sich Ihre Kunden wohl die Zähne ausbeißen würden.

sgh Losch,
ihr brief vom 3.11. hat uns erschüttert und erfreut.

erfreut, daß endlich einmal ein landsmann mitleid mit den ärmsten der welt hat und das sicher auch dadurch dokumentiert, daß bei dem täglichen einkauf sicher auch nicht dem schnäppchen nachjagt, mit dem nicht nur der bauer sondern auch der produzent - und damit seine mitarbeiter - in bedrängnis und ruin treibt.

sie sehen, es geht nicht einmal um die bambusleiter, von der der bauer nicht mehr fallen kann - denn nach ihrer auffassung hat er sie ja garnicht mehr und wir tragen nur dazu bei, daß wir unseren magen füllen und er sich seine beine nicht brechen kann.

in der welt ist aber eben nicht alles so einfach. die bambusstange gehört sicherlich zum bambus. das ist nicht zu bestreiten. nur schlagen wir dem bauern nicht die bambusstangen ab, sondern lassen die aus dem boden schießenden sprossen 'ernten' und dann verarbeiten.

Ursrpünglich wurde nur der an den berghängen wachsende Bambus 2-gleisig verarbeitet. Heute wird er kultiviert und stellt somit eine wichtige einnahmequelle für bauern und verarbeiter dar.

um ihr mitgefühl für diese armen leute in die richtigen bahnen zu lenekn, sollten sie eigentlich jeden tag mindestens 1 dose bambussprossen essen. wenn es dann auch noch unsere marke ist, so können sie sicher sein, daß wir unserer verantwortung bewußt sind und den bauern und produzenten einen angemesseenen preis zahlen, den die konsumenten uns durch ihr einkaufsverhalten ermöglichen.

kaufen sie auch unbesorgt eine bambusleiter. es gibt ausreichend nachschub - gerade weil wir dazu beigetragen haben, bambus auch zu kultivieren.

++

gruss -

Göttingen, den 1.11.1995

Absender:
Volker Losch - An der Tränke 10 - 37079 Göttingen

An
Bonduelle
Berliner Straße 80

**D- 66424 Homburg/Saar**

Sehr geehrte Damen und Herren,

ich ernähre mich streng vegetarisch, da ich mit dem Boykott von tierischen Produkten gegen die Massentierhaltung und Tierquälerei protestieren möchte. Und gestern stieß ich zufällig auf zwei Produkte Ihres Unternehmens, die mich wahrlich erschauern ließen: "Junge Schnittbohnen" und "Junge Brechbohnen"!

Sträuben sich Ihnen nach genauerer Betrachtung der Produktbezeichnung nicht auch die Nakkenhaare? Die lieblichen, zarten, empfindsamen, feinen, unschuldigen, glücklichen und jungen Bohnen auf der einen Seite, und auf der anderen Seite die brutalen, kaltblütigen, erbarmungslosen, gemüseverachtenden Grausamkeiten wie "Schneiden" und "Brechen" der zarten Gewächse. In meinen Gedanken formen sich die Bilder von schreienden und unschuldigen Bohnen, die von ihren geschürzten und bewaffneten Peinigern völlig gefühlskalt zerschnitten und gebrochen werden - grausam, grausam, grausam!

Oder achten Sie auf eine artgerechte Gemüsehaltung und auf eine schnelle Tötung der Bohnen durch beispielsweise Elektrozangen oder Bolzenschußgeräte? Ich wäre Ihnen sehr dankbar, wenn Sie mich über Ihre Produktionsweisen aufklären könnten, so daß ich voller Vorfreude Ihrer baldigen Antwort entgegenblicke und mich schon jetzt für Ihre Bemühungen bedanke.

Mit freundlichen, gemüse- und bohnenverehrenden Grüßen

**Bonduelle**

Herrn Volker Losch
An der Tränke 10
37079 Göttingen

Homburg, den 20.11.95

Sehr geehter Herr Losch,

wir haben Ihren Brief erhalten und mit Interesse zur Kenntnis genommen.

Niemals zuvor wurden uns ähnliche Gedanken zugetragen, wie die, die Sie sich um das Schmerzempfinden junger Bohnen machen. Ihre Sicht der Dinge ist etwas ungewöhnlich, aber nichtsdestoweniger nachprüfenswert.

Wir haben deshalb mit unseren Experten aus den Laboren der Produktionsstätten in Frankreich gesprochen und Ihnen Ihre Bedenken zugetragen. Nach einigen Recherchen liegt nunmehr das Untersuchungsergebnis vor:

1.) Aus umfangreicher wissenschaftlicher Literatur ist kein Hinweis darauf zu entnehmen, daß Pflanzen im allgemeinen und Bohnen im besonderen Schmerzen empfinden können. Der aktuelle Wissensstand der Biologie geht davon aus, daß dieses nicht der Fall ist.

2.) Experten aus unseren Laboren und Mitarbeiter, die in der Produktion die Verarbeitungsmaschinen bedienen, haben noch nie auch nur von den leisesten Schmerzensäußerungen der frisch geernteten Bohnen oder auch anderer Gemüsesorten berichtet.

3.) Es bleibt auch unter Biologen umstritten, ab welchem Zeitpunkt Pflanzen ihr "Leben lassen". So stellt sich die Frage, ob Schnittblumen (welch furchtbares Wort übrigens), ihren biologischen Tod beim Abschneiden, also der Ernte erfahren, oder ihr Leben erst nach einigen Tagen oder Wochen in der Vase durch Verwelken langsam aushauchen.

Nach allen Erkenntnissen, die zu der Materie des Schmerzempfindens von Pflanzen vorliegen, können wir Sie also beruhigen, sehr geehrter Herr Losch: Es sieht so aus, als ob Pflanzen keine Schmerzen wahrnehmen. Das ist sicherlich für Sie als Vegetarier eine sehr beruhigende Tatsache, da Sie dadurch beim Genuß von Gemüse oder Obst ein wirklich reines Gewissen haben können (Sie dürfen auch beruhigt Ihre Äpfel mit einem scharfen Messer schälen, bevor Sie kräftig große Stücke aus ihnen herausbeißen).

*Postanschrift: Bonduelle GmbH - Postfach 1057 - 66 401 Homburg - Hausadresse: Berliner Straße 80 - 66424 Homburg*
*Telefon (0 68 41) 7 50 85 - Telefax (0 68 41) 75 58 71*

*Bankkonten: Deutsche Bank Saar (BLZ 590 700 70) 5 03 34 69 - B.N.P. Saarbrücken (BLZ 590 106 00) 1 221 608 019*
*Geschäftsführer: Reiner Werth, Daniel Bracquart - Amtsgericht Homburg HRB 2255*

Bonduelle

Sollten Sie persönlich dennoch Zweifel an den Erkenntnissen der Experten hegen und auf Nummer Sicher gehen wollen, dann möchten wir Ihnen unsere Ganzen grünen Bohnen in den Qualitäten Fein, Mittelfein, Sehr fein und Extra fein empfehlen. Diese Bohnen werden nicht zerteilt, sondern gelangen quasi unversehrt in die Konserve. Sie werden danach durch ein schnelles und endgültiges Sterilisieren schonend haltbar gemacht.

Sollte Sie auch diese Methode nicht überzeugen, so können Sie immer noch auf unser tiefgekühltes Gemüse zurückgreifen, das wir zur Zeit dem deutschen Lebensmittelhandel zugänglich machen. Bei diesen Produkten garantieren wir Ihnen eine sekundenschnelle Verarbeitung durch Schockfrostung, die äußerst schonend für sämtliche Bestandteile des Gemüses inklusive seiner Nährstoffe und Vitamine vonstatten geht.

Wir hoffen, sehr geehrter Herr Losch, Ihnen mit diesen Informationen eine oder mehrere Antworten auf Ihre Fragen gegeben zu haben und Ihre Bedenken zerstreuen zu können. In der Hoffnung, daß Sie als ernsthafter Vegetarier auch in Zukunft BONDUELLE Produkten die Treue halten, verbleiben wir

mit freundlichen Grüßen,
BONDUELLE GMBH

M. Schradt

i.A. Michael Schradt

*Postanschrift: Bonduelle GmbH - Postfach 1057 - 66 401 Homburg - Hausadresse: Berliner Straße 80 - 66424 Homburg*
*Telefon (0 68 41) 7 50 85 - Telefax (0 68 41) 75 58 71*
*Bankkonten: Deutsche Bank Saar (BLZ 590 700 70) 5 03 34 69 - B.N.P. Saarbrücken (BLZ 590 106 00) 1 221 608 019*
*Geschäftsführer: Reiner Werth, Daniel Bracquart - Amtsgericht Homburg HRB 2255*

Göttingen, den 8.3.1996

Absender:
Volker Losch - An der Tränke 10 - 37079 Göttingen

An
Hexal AG

**D- 83607 Holzkirchen**

Sehr geehrte Damen und Herren,

in Ihrer Anzeige bieten Sie das Produkt "ACC akut 600" an, das bei akuten Erkältungskrankheiten mit vermehrter Schleimbildung und erschwertem Abhusten eingesetzt werden soll. Dazu beschreiben Sie die Anwendung des Medikamentes wie folgt: "Nur 1 x täglich gegen Husten." Nun gut, dachte ich, es ist zwar eine mir unbekannte Wirkungsweise eines Medikamentes, aber warum soll man dem Neuen immer nur unaufgeschlossen gegenübertreten?

Gedacht, getan, schon hatte ich eine Packung "ACC akut 600" gekauft, flugs wurde die erste Brausetablette in einem Glas Wasser aufgelöst, und dann kniete ich mich vor den Tisch, auf dem das Glas plaziert war, und hustete es an. Die Flüssigkeit schüttete ich weg und startete am nächsten Tag genau die gleiche Prozedur: Tablette auflösen, einmal gegen das Glas husten, Flüssigkeit entsorgen. Auch der dritte Tag stand im Zeichen des Gegenhustens, aber leider muß ich Ihnen mitteilen, daß keine Besserung meiner Erkältungsbeschwerden festzustellen war. Ich hustete immer noch wie ein Hirsch, und auch von einer schleimlösenden Wirkung konnte nicht die Rede sein. Deshalb erhöhte ich an den folgenden drei Tagen die Dosis und hustete 2 x täglich gegen das Glas. Aber auch nach diesem verstärkten Medikamenteneinsatz trat keine Besserung ein.

Woran kann das liegen? Habe ich etwas falsch gemacht? Oder habe ich möglicherweise ein falsches Glas zum Auflösen der Brausetablette gewählt? Vielleicht habe ich auch in einem ungünstigen Winkel gegen Ihr Medikament gehustet? Mir ist es jedenfalls ein Rätsel, warum bei mir keine Besserung eintrat, so daß ich mich heute an Ihre Adresse wende, um den Hersteller des Produktes um Rat zu fragen. Bin ich womöglich eine der wenigen Personen, die keine Reaktionen auf jegliche Art von Medikamenten zeigt? Bitte helfen Sie mir und denken Sie nicht: "Dem werden wir was husten!" Deshalb verbleibe ich voller Vorfreude auf Ihre klärende Antwort und bedanke mich schon jetzt für Ihre Bemühungen.

Mit freundlichen Grüßen

# HEXAL AG

HEXAL Arzneimittel Ihres Vertrauens

HEXAL AG · Industriestraße 25 · 83607 Holzkirchen

Herrn
Volker Losch
An der Tränke 10

37079 Göttingen

HEXAL AG
Industriestraße 25
D-83607 Holzkirchen
Telefon: 08024/908-0
Telex: 526913 Hexal d
Telefax: 08024/908-290
Konten:
Hypobank Holzkirchen
Konto 6440166111
BLZ 70020001
Bayerische Vereinsbank
Konto 4053001
BLZ 71120078
Postscheckkonto München
437711-804
BLZ 70010080

12. März 1996 - Gl/mu

ACC® - einmal gegen das Glas husten

Sehr geehrter Herr Losch,

wir bedauern, daß wir Ihnen erst jetzt auf Ihre äußerst interessante Anfrage antworten können, aber die Anfertigung einer speziellen Applikationshilfe (s. Anlage) hat einige Zeit in Anspruch genommen.

Wir freuen uns, daß Sie so intensiv und mit gewissem Enthusiasmus unsere Anwendungsvorschriften befolgt haben und sogar noch eigene Ideen miteingebracht haben. Nur durch genaues Hinterfragen neuer wissenschaftlicher Methoden entsteht ein Dialog zwischen Patient und pharmazeutischem Hersteller, der für die medizinische Forschung äußerst fruchtbar ist.

Wir haben uns lange über Ihre Anregungen Gedanken gemacht, und Sie können mit gewissem Stolz behaupten, daß Sie der Initiator und Mitbegründer des neuen "ACC®-Husten-Applikators" sind. Den Prototyp unserer Entwicklungsreihe, die demnächst in noch etwas ausgereifterer Form auf den Markt gehen wird, dürfen wir Ihnen als kleines Dankeschön übersenden.

Bei genauer Einhaltung der Vorschriften bezüglich Sputum-Einfallswinkel und Patienten-Auswurf-Stellung sollte unter Berücksichtigung des Hustenintensitäts-/Abstands-Quotienten die zuverlässige Wirkung des Medikaments gewährleistet sein.

Für Ihre sehr hilfreiche Anregung möchten wir Ihnen - und wir glauben, dies geschieht auch im Namen aller ACC®-Anwender - noch einmal sehr herzlichen Dank aussprechen. Weitere fruchtbare Ideen Ihrerseits werden bei uns immer auf ein offenes Ohr stoßen.

Mit freundlichen Grüßen

HEXAL AG

Dr. Petra Schoettler

i. V.

Dr. Stefan Glombitza
Abteilung Medizin

Anlage:
1 Losch-Husten-Applikator

Die spezielle Anlage der Antwort der Hexal AG - der Losch-Husten-Applikator - eröffnete sich als ein original “ACC akut 600” Glas, welches in der obigen Anzeige abgebildet ist. Zusätzlich befestigte der Bearbeiter meiner Anfrage folgende Gebrauchsinformation bezüglich des Applikators auf dem äußeren Glasrand:

## Gebrauchsinformation

Liebe Anwenderin, lieber Anwender!
Dies ist das Ergebnis aktuellster wissenschaftlicher Forschung und darf nur unter genauester Einhaltung der Anwendungsvorschriften eingesetzt werden. Für das Gelingen wünschen wir Ihnen alles Gute!

# LACC - *Losch* MEGA

**Anwendungsvorschrift:**
Bitte halten Sie sich an die Anwendungsvorschriften, da LACC Losch MEGA sonst nicht richtig wirken kann.

Soweit nicht anders verordnet, sollten Sie 1 Brausetablette in dem mit Wasser gefüllten Losch-Spezial-Applikator auflösen, den Applikator auf einem Holztisch (wichtig: kein Kunststoff-Material!) mit Höhe 1,12 m abstellen und vor dem Tisch in 20 cm Abstand bequem niederknien.
Sodann sollten Sie unter Einhaltung des Sputum-Einfallswinkels (s. rechts) nach folgendem Schema 1 mal täglich auf den gefüllten Applikator abhusten:

| Hustenintensität | Abstand |
|---|---|
| 1 Hust | 15,2 cm |
| 2 Hust | 27,8 cm |
| 3 Hust | 44,3 cm |

Anschließend ist die Lösung einfach auszutrinken.

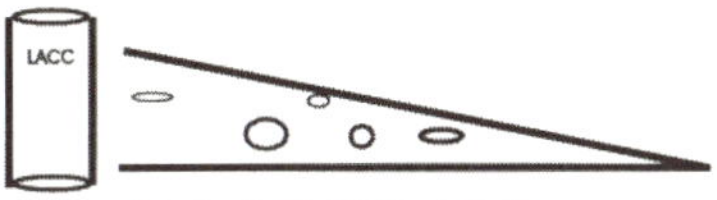

Sputum-Einfallswinkel

Göttingen, den 29.1.1996

Absender:
Volker Losch - An der Tränke 10 - 37079 Göttingen

An
Claas Vertriebsgesellschaft mbH
Postfach 11 63

**D- 33426 Harsewinkel**

Sehr geehrte Damen und Herren,

ich bin stolzer Besitzer einer gepflegten Kleingartenparzelle in der Gartenkolonie "Gartenfreunde und -zwerge e.V." bei Göttingen. Mir macht es einfach Spaß, meine Freizeit am Wochenende und nach Feierabend in meinen elektrozaunumsäumten 385 Quadratmetern Natur und Ackerland zu verbringen, wo ich neben der Erholung auch noch in den Genuß von biologisch angebautem Obst, Gemüse und Getreide komme. Natürlich ist die Gartenarbeit sehr anstrengend, so daß ich mich nach reifen Überlegungen dazu entschlossen habe, die neuesten technischen Entwicklungen zu nutzen.

Ich wende mich deshalb an Ihre Adresse, weil mir bei Spazierfahrten über Land immer wieder Ihre großen, modernen Mähdrescher und andere Erntemaschinen aufgefallen sind. Wenn ich dann die Landwirte ansprach, ob sie denn mit Ihren Geräten zufrieden seien, hörte ich nur einhelliges, überschwengliches Lob über Zeitersparnis, leichte Bedienbarkeit, optimale Fruchtausbeute und Arbeitserleichterung. Auch der Komfort Ihrer neuesten Mähdreschergeneration mit Klimaanlage und anderen Feinheiten wurde immer wieder lobend erwähnt. Und genau so einen Mähdrescher stelle ich mir für meinen Garten vor: Innerhalb kürzester Zeit wären meine 15 $m^2$ Mais, Gerste oder Weizen (je nach Fruchtfolge) ohne große Anstrengungen geerntet - die Spreu wäre vom Weizen getrennt. Gleiche erfreuliche Ergebnisse stelle ich mir auch bei meinem jährlichen Kartoffelanbau auf der Fläche von weit über 16,5 $m^2$ vor. Zwar müßte ich dann noch mit dem Vorstand meines Gartenvereins diskutieren, daß der Gäste- und Mitglieder begrüßende, mit unserem Namen beschriftete Metallbogen über der Toreinfahrt um ca. zwofuchzig erhöht werden müßte, denn Ihre Maschinen sind nicht nur sehr breit, sondern auch ebenso hoch. Aber dieses Problem ist aufgrund der abzusehenden Vorteile schnell gelöst.

Ansonsten wäre ich Ihnen sehr dankbar, wenn sie mir einen Mähdrescher und diverse andere Erntemaschinen mit allem Pipapo empfehlen könnten, die speziell für unsere Zwecke geeignet sind. Ich kann mir gut vorstellen, daß in unserem Kleingartenverein noch weitere Interessenten vorhanden wären, denn schließlich hat jeder bei uns ein kleines bewirtschaftetes Stück Land. Außerdem würde auch das nervige Verleihen meines Mähdreschers an Vereinskollegen entfallen, denn so hat in Kürze jeder Kleingärtner seinen eigenen Mähdrescher mit Klimaanlage und steuerndem Joystick in seiner Gartenlaube geparkt, bereit, die große Ernte einzufahren.

Voller Vorfreude auf Ihre Antwort verbleibe ich und bedanke mich schon jetzt für Ihre Bemühungen.

**CLAAS DEUTSCHLAND** Vertriebsgesellschaft mbH

CLAAS Vertriebsgesellschaft mbH, Postfach 1163, D-33426 Harsewinkel

Geschäftsführung
Henning C. Paulsen (Sprecher)
Dr.Theo Freye

Handelsregister
Amtsgericht Gütersloh HRB Nr. 2215

Herrn
Volker Losch
An der Tränke 10

37079 Göttingen

Datum:
31.01.1996

| Ihre Zeichen, Ihre Nachricht vom | Unsere Zeichen | Telefon - Durchwahl | Telefax - Durchwahl | Telex - Durchwahl |
|---|---|---|---|---|
| | CVG Mark./ ws | (0 52 47) 12-1118 | (0 52 47) 12-1164 | 9 33 565- cl d |

**Gartenkolonie „Gartenfreunde und -zwerge e.V." bei Göttingen**

Hallo Herr Losch,

toll, daß es auch in 1996 noch begeisterte Naturfreaks gibt. 385 Quadratmeter, hoffentlich nicht die letzte Heimat, die sich der Natur und den dazugehörigen Lebewesen im Bereich Göttingen bietet.

Warum Sie jedoch alles mit dem elektrischen Draht (hoffentlich nicht Modell Erich Marke Stachel) einzäunen war uns, obwohl wir es in einem recht kreativen Kreis diskutiert haben, nicht klar.

Als DER ERNTESPEZIALIST haben wir natürlich auch für Sie eine Lösung. Die 15 $m^2$ stellen kein Problem dar, soviel Schlagkraft ist bei unseren Produkten gegeben. Als Zusatz wäre Ihnen u.a. das klappbare Schneidwerk zu empfehlen, es erleichtert den Parzellenwechsel und erhöht die Kampagneleistung.

Sobald Sie jedoch mit Ihren Gartenfreunden gemeinsam ernten wollen, ist darüber nachzudenken, ob denn nicht gemeinsam in einem Maschinenpark investiert wird. Von dem kann dann jeder die notwendigen Maschinen zu einem akzeptablen Preis mieten (Maschinenring oder Maschinengemeinschaft). Landwirtschaftliche Berater im Bereich Göttingen können Sie da sicherlich betriebswirtschaftlich beraten.

Das Problem mit dem beschrifteten Metallbogen läßt sich - falls die Debatte mit Ihrem Vorstand nichts bringt - auch anders lösen. Unsere Mähdrescher können - für Extremsituationen vorbereitet - auch eingeflogen werden (s. Anlage). Anderenfalls gibt es die Alternative: nicht Metallbogen erhöhen, sonder Erde schaufeln und einfach 'drunter her'.

Wir hoffen Ihre „volle Vorfreude" befriedigt zu haben und verbleiben

mit freundlichen Grüßen
Ihr CLAAS-Marketing-Team

i.A. H. Ikenmeyer

i.A. W. Soll

Hausanschrift: Münsterstraße 33, D - 33428 Harsewinkel
Telefonzentrale: (0 52 47) 12-0
Telexzentrale: 9 33 565 - 0 cl d
Telegramm: Merkur Harsewinkel

Bankkonten:
Dresdner Bank AG Gütersloh 478 800 31 - 5 032 544
Sparkasse Harsewinkel 478 500 65 - 25 033 200
Volksbank Harsewinkel eG 478 615 18 - 8 300 200

10 C 02

Göttingen, den 5.2.1996

Absender:
Volker Losch - An der Tränke 10 - 37079 Göttingen

An
Saatchi & Saatchi
Wiesenau 38-40

**D- 60038 Frankfurt am Main**

Sehr geehrte Damen und Herren,

betroffen hörte ich von Ihrer starken Erkältung und möchte Ihnen auf diesem Wege zurufen:

"Gesundheit!"

Für alle Fälle lege ich diesem schriftlichem Wunsch nach Wohlbefinden ein Taschentuch bei, damit Ihnen auch in nicht vorhersehbaren Situationen ein "Saatchi & Saatchi"-Doppelnieser keine Umstände bereiten wird.

Ich wäre Ihnen sehr dankbar, wenn Sie mir schon in Bälde mitteilen, daß meine Gesundheitswünsche positive Wirkung erzielen konnten. Deshalb verbleibe ich voller Vorfreude auf eine Nachricht Ihrer Genesung und bedanke mich schon jetzt für Ihre Bemühungen.

Mit freundlichen und bislang niesfreien Grüßen

Anlage: ein Taschentuch

SAATCHI & SAATCHI
ADVERTISING

WIESENAU 38-40, 60323 FRANKFURT AM MAIN. TELEFON: +49 69 7142 0. TELEFAX: +49 69 7142 284
POSTFACH 11 03 63, 60038 FRANKFURT AM MAIN

Frankfurt, den 7. Februar 1996

Sehr geehrter Herr Losch,

vielen herzlichen Dank für Ihre Anteilnahme. Wir befinden uns auf dem Wege der Besserung, was uns froh und dankbar sein läßt. Was wäre die Welt ohne Papiertaschentücher.....

Anbei ein kleines Andenken an die Erkältungswelle im Hause Saatchi. So ist sichergestellt, daß Sie auch in Zukunft fürsorglich an uns denken.

Ganz herzliche Grüße vom Team Interactive

G. v. Jordan

SAATCHI & SAATCHI ADVERTISING GMBH. WERBEAGENTUR GWA. FRANKFURT AM MAIN
GESCHÄFTSFÜHRER: ROBERT G. FLETCHER (CEO), HUBERTUS VON LOBENSTEIN, PASCAL O'NEILL, DIETER SELLMANN
WERNER GÖRKE (CHAIRMAN)
AMTSGERICHT FRANKFURT AM MAIN. HRB NR. 10 899. STAMMKAPITAL DM 1 000 000

Göttingen, den 29.8.1995

<u>Absender:</u>
Volker Losch - An der Tränke 10 - 37079 Göttingen

An
Mercedes-Benz AG

**<u>D- 70322 Stuttgart</u>**

Sehr geehrte Damen und Herren,

heute möchte ich Ihnen Anbetracht Ihrer neuesten technischen Entwicklungen gratulieren und Ihnen gleichzeitig einen Vorschlag für ein neues, bedienerfreundliches Detail für Ihre Automarke unterbreiten. Schon seit langer Zeit bin ich und auch meine Familie Ihrer Marke treu, denn wir wissen Komfort, Fahrsicherheit und vor allem Qualität sehr zu schätzen.

Nun aber zu meinem Vorschlag: Wenn ich aufgrund meiner Vertretertätigkeit sehr oft lange Strecken in meinem Wagen zurücklegen muß, befinde ich mich zwangsläufig einen Großteil der Fahrzeit auf Autobahnen. Um meine durchschnittliche Reisegeschwindigkeit von 140-150 km/h nicht zu gefährden, muß ich natürlich darauf bedacht sein, die linke Spur als möglichst freie Fahrfläche nutzen zu können - denn mit über 200 Sachen benötigt man viel Freiraum. Mit Sicherheit scheren dann und wann langsamere, billigere Autos mit vermutlich laienhaften Fahrern aus und blockieren meine Spur. Das bedeutet für mich Stress durch Abbremsen im letzten Moment, dichtes Auffahren, Blinker-links-Betätigung und blendende Lichthupe. Deshalb würde ich Ihnen vorschlagen, daß Sie doch ein Abstandmeßsystem in den Kühlergrill des Mercedes integrieren, der automatisch mit dem Blinker links und dem Lichthupenhebel gekoppelt ist. Dieser Abstandmesser würde dann, wenn er ca. 10 Meter vor sich ein Fahrzeug erkennt, sofort und selbsttätig die Lichthupe und den Blinker links betätigen, so daß sich der Fahrer ganz auf den zeitraubenden und nervenkostenden Vordermann konzentrieren kann und nicht durch diese Nebentätigkeiten abgelenkt wird. Natürlich sollte diese Aktivität einen Bedienerschalter für den speziellen Autobahnverkehr haben, da im normalen Stadtverkehr kein Bedarf für diese Fahrerentlastung vorhanden ist.

Was halten Sie von meinem Vorschlag? Ich wäre Ihnen sehr dankbar, wenn Sie meine Überlegungen auf sich wirken lassen und mir nach intensiven Studien Ihr Urteil über meinen Vorschlag mitteilen würden. Deshalb verbleibe ich voller Vorfreude auf Ihre Antwort und bedanke mich schon jetzt für Ihre Bemühungen.

Mit freundlichen und mit vorfahrteingebauten Grüßen

Mercedes-Benz

Mercedes-Benz AG 70322 Stuttgart

Herrn
Volker Losch
An der Tränke 10

37079 Göttingen

| Telefon (07 11) 17- | Telefax (07 11) 17- | Hauspost-Code |
|---|---|---|
| 9 75 26 | - - | Z222 |

| Ihr Zeichen, Ihre Nachricht vom | Unser Zeichen, unsere Nachricht vom | Bearbeiter | Datum |
|---|---|---|---|
| 28.08.95 | MBVD/ZAR sn-hp | Hr. Schönau | 16.10.95 |

Verbesserungsvorschlag

Sehr geehrter Herr Losch,

besten Dank für Ihren Brief.

Aus Ihren Ausführungen können wir ersehen, wie stark Sie sich unserem Hause verbunden fühlen. Darüber freuen wir uns sehr und danken Ihnen vielmals dafür, daß Sie sich die Mühe machten, uns Ihre Überlegungen mitzuteilen.

Da wir uns bei der Fertigung unseres Produktes an die Straßenverkehrsordnung halten müssen, ist Ihr Vorschlag für uns leider nicht realisierbar. Abstandsmeßsysteme und ähnliche Anlagen sind schon länger bei uns in der Entwicklung. Wann wir diese Systeme in die Serienfertigung einfließen lassen, können wir Ihnen zu diesem Zeitpunkt noch nicht mitteilen.

Mit freundlichen Grüßen
Mercedes-Benz AG

i.V. Engelmann i.A. Kamm

Göttingen, den 2.2.1996

Absender:
Volker Losch - An der Tränke 10 - 37079 Göttingen

An
Van Leeuwen Röhren
- Kundenberatung -

**D- 67026 Ludwigshafen**

Sehr geehrte Damen und Herren,

ich bin seit Jahrzehnten ein passionierter Jäger und liebe das Weidwerk über alle Maßen. Dennoch war es mir bisher noch nicht vergönnt, das höchste Jagdglück - einen kapitalen Hirschen - vor die Flinte zu bekommen. Nun riet mir allerdings ein Weidgenosse, daß analog zu den Fuchslockpfeifen, die das Wehklagen eines Kaninchens imitieren, auch Flöten zu erwerben sind, die mit großer Wirksamkeit einen kapitalen Hirsch in die Nähe des schußbereiten Bläsers ködern können.

Mein Gew(a)ehrsmann erzählte weiter, daß diese speziellen Lockpfeifen für Hirsche hochwirksam seien, weil sie das brunftige Röhren eines um das Revier und das dazugehörige Rehrudel buhlenden Sechzehnenders imitieren - aus diesem Grund wird diese Pfeife auch einfach "Röhre" genannt. Nun war ich bisher aber nicht in der Lage, mir dieses begehrte Hilfsmittel zu erwerben, da keiner der bekannten Jagdausrüster diese Röhre in seinem Warenangebot führt. Nun stieß ich aber durch Zufall auf Ihre Adresse, und mein Jagdinstinkt ward sofort wieder erweckt: Wie teuer ist ein Exemplar der Hirschlockpfeife? Benötige ich zur effektiven und erfolgreichen Anwendung eine spezielle Atem- oder Pfeiftechnik oder sogar ein extrem ausgeprägtes Lungenvolumen?

Ich wäre Ihnen sehr dankbar, wenn Sie mir meine Fragen schon bald beantworten würden, denn mein Traum von einem kapitalen Hirsch, der durch Ihre lockende Röhre nun in greifbare Nähe gerückt ist, läßt in mir eine nervöse, beinahe kindliche Ungeduld wachsen. Bitte teilen Sie mir mit, wie ich an die besagte Röhre komme, ohne später einmal in selbige schauen zu müssen. Voller Vorfreude auf Ihre Hilfe bedanke ich mich schon jetzt für Ihre Bemühungen und verbleibe

mit freundlichen Grüßen

**VAN LEEUWEN RÖHREN**

Van Leeuwen Röhren GmbH
Postfach 150 160
67026 Ludwigshafen

Telefon (0621)-5408-0
Telefax (0621)-5408-23

AMRO-Bank, Frankfurt
(BLZ 50230400)
Konto 162 151 300 9

Herrn
Volker Losch
An der Tränke 10
37079 Göttingen

Datum 12.02.96 | Ihr Zeichen | Unser Zeichen W. Besold

Ihr Schreiben vom 07.02.96

Sehr geehrter Herr Losch,

wir bedauern natürlich außerordentlich, daß Ihnen bislang das höchste Jagdglück noch nicht vergönnt war.
Wir hoffen, daß wir Ihnen mit unserem nachfolgenden Tip die " Flötentöne " beibringen können:

Sie können bei uns diese Pfeife tatsächlich erwerben und zwar in Form des sogenannten " Brunftrohres" . Dieses Rohr mit der Abmessung 914,4 x 31,7 mm und mit einer Einsatzlänge von ca 12 m muß allerdings mittels einer Turbine betrieben werden, da sich ansonsten nicht der nötige Luftdruck erzeugen läßt. Bitte prüfen Sie , bevor wir Ihnen einen Preis nennen, ob Sie entsprechende Anwendungsmöglichkeiten haben.
Bei Interesse werden wir Ihnen gern ein fachgerechtes Angebot unterbreiten.

Mit freundlichen Grüßen
VAN LEEUWEN RÖHREN GMBH

i. V. W. Besold

Van Leeuwen
Pipe and Tube Group

Geschäftsführung:
B. van Dam
F. Ruitenberg

Sitz der Gesellschaft:
67065 Ludwigshafen

Amtsgericht Ludwigshafen
HRB 3135

Göttingen, den 5.9.1995

Absender:
Volker Losch - An der Tränke 10 - 37079 Göttingen

An
Fremdenverkehrsbüro
oder Rathaus

**D- 02694 Göbeln**

Sehr geehrte Damen und Herren,

meine Familie und ich werden während der nächsten Urlaubsreise eine Route fahren, die uns genau durch Ihre Stadt führen wird. Nun habe ich aber nach näherer Betrachtung Ihres Städtenamens echte Bedenken, mit meinen Kindern durch Ihre Stadt zu fahren.

Vorbei wäre es mit der guten Erziehung, denn wahrscheinlich trägt Ihre Stadt den Namen "Göbeln" doch aus jenem Grunde, weil die Bevölkerung die unansehnliche Eigenart - verzeihen Sie mir diese plumpe Ausdrucksweise - des "Fischefütterns", des "Würfelhustens", des "Erbrechens", der "Lasershow" fleißig und auf offener Straße ausübt. Deshalb werden Sie doch verstehen, daß ich mit meinen Kindern nicht durch einen Ort fahren kann, in dem sie Menschen beobachten könnten, die, an Hausecken gelehnt, ihrem Mageninhalt freien Lauf lassen. Unser erzieherischer Auftrag wäre dann doch mit einem Male zerstört, oder nicht? Und extra für diese Fahrt spezielle Rolladen an den Seitenfenstern anzubringen, die ich dann runterziehen kann, damit meine Kinder keinen Blick auf die göbelnde Bevölkerung werfen kann, halte ich für übertrieben.

Was schlagen Sie mir zur Lösung meines Problems vor? Gibt es womöglich eine Ortsumgehung? Oder habe ich Ihren Städtenamen einfach nur falsch interpretiert? Ich wäre Ihnen sehr dankbar, wenn Sie meine Anfragen beantworten können, damit ich während der Urlaubsreise völlig entspannt auf die Fahrbahn achten kann, ohne meine Kinder vor Unansehnlichkeiten zu schützen.

Mit freundlichen Grüßen und einem unguten Gefühl im Magen

Fremdenverkehrsbüro
02694 Großdubrau

Großdubrau, den 3. 10. 1995

Herrn
Volker Losch
An der Tränke 10

37079 Göttingen

Sehr geehrter Herr Losch,

Bezug nehmend auf Ihr Schreiben vom 5.9.95 möchten wir uns für Ihre Anfrage über unseren Ort Göbeln recht herzlich bedanken.

Offensichtlich haben Sie Ihre Urlaubsvorbereitungen bisher genauso oberflächlich getätigt, wie Sie mit Ihren Vermutungen über die Menschen im Ostteil unseres gemeinsamen Vaterlandes ebenso oberflächliche Gefühle walten lassen.

Ihre Kinder werden hier nichts Unmenschliches vorfinden. Fahren Sie keine Umgehung, sondern bleiben Sie immer auf der Straße, wie Sie ohnehin auf dem Teppich bleiben sollten.

Fremdenverkehr
Großdubrau

P.S. Wieso fühlen ausgerechnet Sie, Herr Losch, sich "An der Tränke" wohl?
Haben Sie da keine unguten Gefühle im Magen?!

Göttingen, den 23.2.1996

Absender:
Volker Losch - An der Tränke 10 - 37079 Göttingen

An
Brohler Mineralbrunnen
- Kundenberatung -

**D- 56656 Brohl-Lützing**

Sehr geehrte Damen und Herren,

heute möchte ich Ihnen meine persönliche Leidensgeschichte erzählen, die sogar als Tragödie eines Brohler-Fans zu bezeichnen ist. Getreu Ihres Slogans “Trink Brohler, und dir ist wohler!” lebe ich in den Tag, der schon mit einem Glas Brohler Mineralbrunnen während des Frühstücks beginnt. Nur so gestärkt kann ich mein Tagewerk vollbringen und weiß das von Ihnen versprochene brohlige Wohlgefühl durch ein Goethezitat noch zu steigern: “Ich fühl’ mich kannibalisch wohl, als wie fünfhundert Säu’n.”

Nun lehnen meine Freunde und auch das weitere persönliche Umfeld diese meine wohlige Lebenseinstellung strikt ab, so daß ich mit meiner Brohlermanie immer wieder Ziel ihres Spottes bin: Bestelle ich in einer Gastwirtschaft mit meinem Spitznamen “Für den Vohler ein Glas Brohler - und ihm ist wohler!”, so antworten meine Begleitpersonen im Chor: “Dann trink doch ‘ne Cola!” - ein hämisches Lachen schließt sich dieser gruppendynamischen Stichelei an.

Leider bin ich dieser Diffamierung nicht mehr gewachsen, und mein ehemals starker Wille, das geliebte Brohler auf Gedeih und Verderb zu verteidigen, ward mit jedem höhnischen Gelächter immer mehr gebrochen. Was aber raten Sie mir, um mein degeneriertes Selbstbewußtsein wieder aufzurichten? Für Ihre psychologische Betreuung wäre ich Ihnen sehr dankbar, denn alleine wird es mir nimmer wohler-gehen, dennoch fühle ich mich weiterhin wohler-zogen. Deshalb verbleibe ich voller Vorfreude auf Ihre rettende Antwort und bedanke mich schon jetzt für Ihre Bemühungen, mein Selbstwertgefühl wieder zu steigern.

Mit freundlichen und wohler-haltenden Grüßen

BROHLER MINERAL- UND HEILBRUNNEN GMBH

Brohler Mineral- und Heilbrunnen GmbH, Postfach 66, 56654 Brohl

Hauptverwaltung
Koblenzer Straße 71 - 73
56656 Brohl
Telefon: (02633) 293-0
Telefax: (02633) 29343

Niederlassung Duisburg
Postfach 100224
47002 Duisburg
Telefon: (0203) 310185
Telefax: (0203) 312859

Brunnenbetrieb
Steinsiek/Löhne
Verwaltung
Postfach 66
56654 Brohl

Herrn
Volker Losch
An der Tränke 1o

37o79 Göttingen

| Ihre Zeichen | Ihre Nachricht vom | Unsere Zeichen | Durchwahl | Brohl, |
|---|---|---|---|---|
| | | schi-mh | (02633) 293- 17 | 27.o2.96 |

Sehr geehrter Herr Losch,

tief erschüttert ob Ihrer traurigen Zeilen sitze ich nun an meiner Wirkungsstätte in Brohl und lasse gedankenverloren den Blick über den herrlichen Rhein hin zu den Höhen der Vulkaneifel schweifen.

Wie konnte es soweit kommen? Was ist mit diesem lebenslustigen, jungen Manne nur geschehen? Was um alles in der Welt brachte ihn dazu, von dem zu lassen, was doch sein Liebstes war?

Nun - es gibt nur eine Lösung: das nagende Gift des Zweifels, welchen Sie Unglücklicher von Ihrer, verzeihen Sie den Ausdruck, durchschnittlichen Umgebung in feiner Dosage eingeimpft bekamen, führte dazu, daß Sie -wahrscheinlich schon über Jahre hinweg- Ihre lebensnotwendigen Einheiten an Brohler Mineralwasser sukzessive reduzierten. Ohne es selber zu bemerken, entzogen Sie Ihrem Körper den Stoff des Wohlseins, und nun, geschwächt durch den Mangel an Magnesium, Hydrogencarbonat, Calcium und nicht zuletzt Lithium, dem Hallo-wach des Depressiven, sind Sie nicht mehr in der Lage, der Mittelmäßigkeit Paroli zu bieten.

Aber es gibt eine Lösung! Mut zeiget auch der Mameluck. Allein der Akt des Kaufes 3er frischer Kisten Brohler Mineralwasser wird Sie euphorisch stimmen. Trotz der allen verständlichen Vorfreude raten wir Ihnen jedoch dringend davon ab, am ersten Tag mehr als maximal vier Liter zu konsumieren, steigern Sie dann langsam die Dosis, bis Sie wieder Ihren normalen Tagesbedarf erreicht haben, reduzieren Sie diesen aber auf keinen Fall, ohne vorher das Rückenetikett gelesen zu haben,- oder fragen Sie den Arzt Ihres Apothekers. Und denken Sie immer daran: An der Spitze ist man oft einsam.

- 2 -

Geschäftsführer: Dipl.-Kfm. Werner von Sanden, Dr. Judith Schilling-Oeffelke, Markus Schilling · Registergericht: Duisburg Nr. 8 HRB 137
Deutsche Bank AG, Duisburg (BLZ 35070030) 304/1399, Dresdner Bank AG, Duisburg (BLZ 35080070) 2040700
Kreissparkasse Ahrweiler (BLZ 57751310) 750323, Volksbank Andernach eG (BLZ 57460641) 1010294

Zu Ihrer Freude legen wir einen bunten Aufkleber bei, den Sie an Ihren Lieblingsplatz kleben können.

Für heute viele Grüße und alles Gute für Ihr Wohlergehen.

Ihre

Brohler Mineral- und Heilbrunnen GmbH

Markus Schilling

Göttingen, den 12.2.1996

<u>Absender:</u>
Volker Losch - An der Tränke 10 - 37079 Göttingen

An
Schiesser
- Kundenberatung Dessous -
Schützenstraße 18

**<u>D- 78315 Radolfzell</u>**

Sehr geehrte Damen und Herren,

heute wende ich mich an Ihr Unternehmen, da Freunde Sie als echte Experten bezüglich meines Problems empfahlen. Ich möchte meiner Freundin nämlich ein nicht alltägliches Geschenk machen, von dem meine Ira als äußerst tierliebe Frau mit Sicherheit sehr begeistert sein wird: es handelt sich dabei um das Bustier.

Da ich aber weder in Brehms Tierleben noch in anderen diversen Tierlexika etwas über diese anscheinend sehr seltene Tierart in Erfahrung bringen konnte, lege ich meine ganze Hoffnung in Ihr Expertenwissen: Was also ist das Bustier für eine Tierart? Eignet es sich überhaupt für die Haltung als Haustier? Bedingt der Wunsch nach Geselligkeit eines Bustieres eher die Anschaffung eines Paares? Wie groß werden diese Bustiere, welche optische Eigenheiten weist ihr Fell/Gefieder/Haut auf, und wie hoch ist ihre Lebenswartung? Eignet sich ein Bustier zum Kuscheln, oder verträgt es keinen engeren Kontakt zum Menschen? Was haben diese Tiere für innere Werte, und wie offen begegnen sie ihrem Herrchen? Wie ernähren sich Bustiere? Inwiefern unterscheidet sich das männliche Bustier vom weiblichen? Wie leitet sich der Name des Tieres ab? Etwa vom Linienbus? Oder von seiner Heimat, dem Fluß Busento in Kalabrien? Möglicherweise gehört das Bustier auch zur Familie der Bussarde?

Bevor ich mich also zur Anschaffung eines Bustiers für meine Freundin entscheide, wäre es mir sehr wichtig, möglichst viele Informationen über diese Tierart zu erhalten. Deshalb verbleibe ich voller Vorfreude auf Ihre näheren Auskünfte und Ihre professionelle Hilfe, so daß ich mich schon jetzt für Ihre Bemühungen bedanken möchte.

Mit (tier-)freundlichen Grüßen

Schiesser

Schiesser AG, Postfach 15 20, D-78305 Radolfzell am Bodensee

Herrn
Volker Losch
An der Tränke 10

37079 Göttingen

FAX: 07732/802555

| Ihr Zeichen | Ihre Nachricht vom | Unser Zeichen (bei Antwort bitte angeben) | Telefon-Durchwahl | Datum |
| --- | --- | --- | --- | --- |
| | 12.02.96 | 486hdr | 07732/802338 | 13.02.96 |

Sehr geehrter Herr Losch,

Ihr Schreiben haben wir erhalten. Sie wenden sich an uns, in der Hoffnung Auskunft über ein weit verbreitetes Tier, dem Bustier, zu erhalten.

Wie Sie aus obiger Darstellung ersehen können, handelt es sich also nicht um eine Tierart, welche vor dem Aussterben bedroht ist, im Gegenteil: Das Bustier erfreut sich einer gesteigerten, jedoch überschaubaren Vermehrung und auch Nachfrage von Seiten der Bustier-Halter. Es fühlt sich in unseren mitteleuropäischen Haushalten sehr wohl und ist zur Haltung in der freien Natur nicht sehr geeignet, da Habichte, Bussarde und andere Raubvögel... sich gerne eines Bustiers annehmen und diese auf unerklärliche Weise 'verschwinden' lassen! Also Vorsicht ist geboten!!!

Am wohlsten fühlt sich das Bustier 'An der Tränke'. Häufig, so die Aussage von vielen Bustier-Haltern, ist dieses, wenn nicht in unmittelbarer Nähe des Eigentümers, in der Gegend von Waschmaschinen und Wäscheschränken aufzufinden. Doch bevorzugt hält es sich in der Nähe von Menschen auf.

Bustiere sind sehr angenehme Artgenossen, manche Bustier-Halter 'verwenden' diese auch als wärmende Rheumaprophylaxe. Daraus läßt sich mit großer Wahrscheinlichkeit schließen, daß Bustiere höchst anschmiegsam, und Menschen gegenüber freundlich gesinnt sind.

Bustiere sind, wie viele andere Tierarten auch, Herdentiere. Sie lieben das Bad in der Menge, sind äußerst belastbar und auch bereit Ihren Platz mit einem anderen Bustier zu teilen, bzw. auszutauschen.

Bustiere gehören nicht zur Gattung der Gürteltiere, wie häufig

...



Firmensitz: Schützenstraße 18
78315 Radolfzell am Bodensee
Telefon: (07732) 802-0
Telefax: (07732) 802555

Vorsitzender des Aufsichtsrates: Dr. Thomas W. Bechtler
Vorstand: Beat Kaufmann lic. oec. HSG (Vorsitzender)
Michael Huggle (stellv. Vors.)
Dipl.-Ing. Hans Blaeser, Heinz Horn, Ing. Hans Stiefler
Registergericht: Singen/Hohentwiel
Register-Nr. HRB 26-R

Banken: Deutsche Bank Konstanz (BLZ 690 700 32) 0 158 600
Dresdner Bank Konstanz (BLZ 692 800 35) 5 809 800
Commerzbank Singen (BLZ 692 400 75) 4 444 444
Sparkasse Radolfzell (BLZ 692 510 40) 4 043 188
Volksbank Radolfzell (BLZ 692 910 00) 5 001 765
Postgiro Karlsruhe (BLZ 660 100 75) 1318-757

28.577

fälschlicherweise in einschlägigen Publikationen berichtet wird. **Bustiere entstammen der Artenfamilie der Brustwirbeltiere.** Die Eigenschaften dieser Gattung sind wie oben schon erwähnt, vor allem in der dadurch resultierenden Belastbarkeit, einer hohen Elastizität, wie auch einem hohen Maß an Anschmiegsamkeit, welches wohl zu ihren hervorstechendsten Vorteilen gehört, zu sehen.

Aus o.g. Abstammung heraus, kann man nun recht schnell die Namensgebung des Bustiers nachvollziehen. Und betrachtet man die anatomischen Maße der Bustiere, so fällt auf, daß diese große Ähnlichkeit mit weiblichen Konturen haben.

Bustiere sind zum Teil recht bunt in ihrer Erscheinung. Sie können also durchaus Bustiere erhalten, welche z.B. mit Ihrer Wohnungseinrichtung harmonieren.

Allerdings gibt es auch sehr eitle Bustiere, diese sind sehr stolz auf Ihr Aussehen und setzen sich doch in ihrer Erscheinung von den sonst üblichen Bustieren ab. Besonders ist dies an ihrem Äußeren zu erkennen. Die Fachwelt spricht hier von sogenannten Spitzen-Bustiers, diese sind im Preis einwenig höher angesiedelt, als die normalen Bustiere. In der Haltung sind diese Bustiere natürlich etwas anspruchsvoller, jedoch durchaus noch im Rahmen des erträglichen.

Ein weiterer interessanter Punkt bei dieser Tierart ist, und dies ist nur noch bei Amöben und Schnecken ... zu erkennen, daß es keine männlichen Bustiere gibt. Die Fortpflanzung dieser Tierart ist, obwohl schon sehr verbreitet, immer noch eines der großen Rätsel der Menschheit.

Wir von Schiesser können Ihnen ohne Bedenken zu einer Anschaffung von Bustieren raten, da wir glauben, daß diese auf den Menschen beruhigend wirken, vor allem aber geben sie -und das ist unbestritten- den Bustier-Trägern ein Gefühl der Sicherheit in bestimmten Lebenslagen.

Herr Losch, wir hoffen, daß wir Ihnen mit diesen Infos genügend Entscheidungshilfe geben konnten. Gerne stehen wir Ihnen für weitere, oder andere Fragen zur Verfügung, falls Ihnen eine noch unbekannte Tierart aus unseren Regionen auffallen sollte.

Mit freundlichen Grüßen vom Bodensee

S C H I E S S E R   A G
Kundendienst -Bustierhaltung-

Rita Hafner-Degen



Firmensitz: Schützenstraße 18
78315 Radolfzell am Bodensee
Telefon: (0 77 32) 8 02-0
Telefax: (0 77 32) 802 555

Vorsitzender des Aufsichtsrates: Dr. Thomas W. Bechler
Vorstand: Beat Kaufmann lic. oec. HSG (Vorsitzender)
Michael Huggle (stellv. Vors.)
Dipl.-Ing. Hans Blaeser, Heinz Horn, Ing. Hans Stiefler
Registergericht: Singen/Hohentwiel
Register-Nr. HRB 26-R

Banken: Deutsche Bank Konstanz (BLZ 690 700 32) 0 158 600
Dresdner Bank Konstanz (BLZ 692 800 35) 5 809 800
Commerzbank Singen (BLZ 692 400 75) 4 444 444
Sparkasse Radolfzell (BLZ 692 510 40) 4 043 188
Volksbank Radolfzell (BLZ 692 910 00) 5 001 765
Postgiro Karlsruhe (BLZ 660 100 75) 1318-757

Göttingen, den 30.8.1995

Absender:
Volker Losch - An der Tränke 10 - 37079 Göttingen

An
Beiersdorf
Unnastraße 48

**D-20245 Hamburg**

Sehr geehrte Damen und Herren,

Ihr Werbeslogan "Tesa - ein Stück heile Welt" flößte mir sofortiges Vertrauen in Ihre Produkte ein, so daß ich Ihnen heute mein persönliches Problem schildern möchte, für dessen Lösung ich Ihr kompetentes Expertenteam als besonders geeignet empfinde. Doch nun erst einmal zu meiner Situation:

Vor einiger Zeit hat mich meine Ehefrau verlassen, weil sie es mit mir nicht mehr aushalten konnte - so jedenfalls war ihre Meinung. Mein Schnarchen, mein Mundgeruch, mein Bierbauch, meine behaarte Brust, meine Vorliebe für Dosenbier, meine Insektensammlung, meine Eigenart, die falschen Zähne im durchsichtigen Glas auf der Badezimmerablage zu plazieren, mein gelb-bräunlich-geflecktes Unterhemd, das ich als Sportschau-Outfit zu tragen pflege, mein Toupet, das die Wohnzimmerleuchte dezent zu schmücken weiß, meine wöchentlich wechselnde Unterwäsche, meine Entenzucht in der Duschkabine, meine 18 $m^2$ große, automatisch absenkbare Eisenbahnanlage an der Schlafzimmerdecke, meine leisen Verdauungsgeräusche, meine nächtlichen Skatrunden mit Kumpels, meine Abneigung gegen den Rasierapparat, mein lautes Schmatzen beim Essen, mein gänzlicher Verzicht auf Seife, Deo und Mundwasser, meine zwei Vogelspinnen im Küchen-Terrarium, mein handwerkliches Können als technische Krüppelkiefer, meine in Eigenarbeit erstellten Tätowierungen am ganzen Körper, mein 500 g leichtes Goldkreuz, das wollig leicht auf meinen Brusthaaren schwebt, meine einseitige Ernährung durch Tiefkühlpizza oder Currywurst-Pommes-rot-weiß und meine Regenwurmzucht im Flur waren wohl meine persönlichen Merkmale, die sie nach 7 Jahren glücklichen Zusammenlebens nicht mehr ganz akzeptieren konnte. Tja, obwohl ich mich eigentlich als Traummann jeden Morgen selbstbewußt im Spiegel betrachten kann, muß ich doch zugeben, daß diese Frau mein Herz gebrochen hat! Und das ist der Grund meines Schreibens: Haben Sie vielleicht ein Klebeprodukt, das mein gebrochenes Herz wieder reparieren kann?

Ich weiß mir nämlich keinen Rat mehr, wie ich meine Frau zurückgewinnen kann, obwohl ich ihr schon angeboten habe, daß auch sie einmal in der Woche eine Stunde lang das Fernsehprogramm bestimmen kann - falls gerade kein Fußball kommt, natürlich. Aber auch dieses Angebot schlug sie aus, so daß ich weiter an meinem gebrochenen Herzen leide und deshalb ganz auf Ihre Hilfe setze. Voller Vorfreude auf Ihre Antwort und Unterstützung verbleibe ich und bedanke mich schon jetzt für Ihre Bemühungen.

Mit freundlichen Grüßen und Handküssen eines Traummannes

BDF ●●●●

**Beiersdorf AG**

Beiersdorf AG, Postadresse: D-20245 Hamburg

Hausadresse:
Unnastraße 48, 20253 Hamburg

Telefon (040) 5 69-0
Telefax Gr. 3 (040) 5 69 34 34
Telegramme Beiersdorf Hamburg

Volker Losch
An der Tränke 10

37079 Göttingen

| Ihre Zeichen/Ihr Schreiben vom | Unsere Zeichen | Telefon-Durchwahl | Telefax-Durchwahl | Datum |
|---|---|---|---|---|
| | 3590-DZ | 2610 | 6029 | 01.09.95 |

Sehr geehrter Herr Losch,

vielen Dank für Ihren Brief und Ihr tiefes Vertrauen in unsere Produkte.

Es tut uns leid, daß Ihre Frau Sie (aus relativ unverständlichen Gründen) verlassen hat. Sie zurückzugewinnen liegt an Ihnen, aber es gibt sicherlich einige tesa-Produkte, die Ihnen dabei helfen können:

tesa Packband in einer Linie über den Mund geklebt verhindert Mundgeruch. Wenn Sie tesa Multi-Kraftband in Streifen auf Ihre Brust kleben und in einem Rutsch abziehen, sind Sie Ihre Brustbehaarung los. Das Toupet bleibt mit tesa Verlegeband doppelseitig klebend an Ort und Stelle. Damit sich Ihre Frau vor Ihrer Insektensammlung sowie der Vogelspinne schützen kann, empfehlen wir Ihnen tesa Fliegengitter. Und zu guter Letzt haben wir auch noch etwas für Ihr gebrochenes Herz: Unsere neuen tesa Power-Strips. Die halten Ihr Herz kraftvoll zusammen und sind, nachdem Ihre Frau zu Ihnen zurückgekehrt ist, spurlos wieder ablösbar.

Wir hoffen, daß Ihnen diese praktischen Tips helfen können und wünschen Ihnen und Ihrer Frau „ein Stück heile Welt" - mit tesa.

Mit freundlichem Gruß
Beiersdorf AG Hamburg
tesa Produktinformation

Daniela Zeiß

Daniela Zeiß

Registergericht
Hamburg HRB 1787

bbn 40 05800 9

Vorstand: Dr. Rolf Kunisch, Vorsitzender,
Hans H. Meyer-Burgdorf, Dr. Werner Opgenoorth,
Dr. Peter Schäfer, Dieter Steinmeyer, Uwe Wölfer,
Vorsitzender des Aufsichtsrats: Dr. Wolfgang Schieren.

Dresdner Bank Hamburg (BLZ 200 800 00), Nr. 431 083 400
Deutsche Bank Hamburg (BLZ 200 700 00), Nr. 0 117 283
M. M. Warburg Bank, Hamburg (BLZ 201 201 00), Nr. 236 640
Landeszentralbank Hamburg (BLZ 200 000 00), Nr. 20 007 341

Göttingen, den 27.10.1995

Absender:
Volker Losch - An der Tränke 10 - 37079 Göttingen

An
Philips

**D- 20097 Hamburg**

Sehr geehrte Damen und Herren!

"Aussehen wie ein Mohnbrötchen? Das muß doch nicht sein. Die besonders gründliche und sanfte PHILISHAVE Sensorschliff-Rasur bringt Sie glatt und gepflegt durch den Tag." So heißt es in Ihrer Anzeige, die mich sehr angesprochen hat, obwohl der Mohnbrötcheneffekt nur ein Siebentel meines gesamten Übels ausmacht:

Denn für mich stellt sich das Problem, daß mein Gesicht dem Spiegel einen bestimmten Wochenablauf zeigt. Der Montag beginnt mit dem Mohnbrötchengesicht, der Dienstag ist der Sesambrötchengesicht-Tag, am Mittwoch erblicke ich ein Sonnenblumenkornbrötchengesicht im Spiegel, am Donnerstag streichelt meine Freundin Kümmelbrötchenwangen, der Freitag glänzt goldgelb im Käsebrötchengesicht-Design, der Samstag pflegt sich mit einem Mehrkornbrötchengesicht einzuläuten, während der Sonntag Natriumchloridkristalle ins Laugenbrötchengesicht zaubert. Am Montag ist dann wieder das beliebte Mohnbrötchengesicht angesagt usw. usw. usw. Nun habe ich ein wenig Angst, ein langes Gesicht zu machen, denn ein schrumpeliger Baguette-Effekt würde mir bestimmt nicht sonderlich gut stehen.

Deshalb frage ich Sie: Was für eine Möglichkeit sehen Sie für mich, mein vielfältiges Brötchengesicht optimal zu pflegen? Haben Ihnen andere Kunden schon ähnliche Erfahrungen mitteilen können, oder bin ich womöglich ein Einzelfall, ein Unikat? Zum Glück ist meine Freundin Bäckereifachverkäuferin, so daß sie voll auf meine "Brötchen-Launen" abfährt, aber mir mutet dieser regelmäßige "Dr. Losch & Mr. Brötchengesicht"-Spuk etwas unheimlich an. Deshalb hoffe ich voll auf Ihre Hilfe und Ihren Rat, so daß ich mich schon jetzt für Ihre Bemühungen bedanke und voller Vorfreude auf Ihre klärende Antwort verbleibe.

Mit freundlichen Grüßen eines Backwarenoberhauptes

PHILIPS

**Philips GmbH**

Philips GmbH · UB Elektro-Hausgeräte · Postfach 10 48 49 · D-20033 Hamburg

Herrn
Volker Losch
An der Tränke 10

37079 Göttingen

**Unternehmensbereich**
**Elektro-Hausgeräte**
Hammerbrookstraße 69
20097 Hamburg
Telefon: (040) 237 23-0
Durchwahl: 237 23- 516
Telefax: (040) 237 23- 472

22. November 1995

Sehr geehrter Dr. Losch,

Sehr geehrter Mr. Brötchengesicht,

mit Erschrecken haben wir die Beschreibung Ihrer multiplen Persönlichkeit gelesen. Ihre stark veränderlichen Gesichtzüge können wir uns nur durch den übermäßigen Genuß von süßem Brötchenaufstrich (schlecht für den Teint!) oder durch die Wahl des falschen Brotmessers bzw. Rasierers erklären.

Um zu verhindern, daß sich Ihre Freundin in eine attraktive Rumkugel oder eine andere Leckerei verguckt, stellen wir Ihnen einen netzunabhängigen Design-Philishave HS 190 mit Batterieantrieb zur Verfügung. Damit können Sie sich auch beim Brötchenholen rasieren.

Nach Benutzung dieses Philishave sollten Sie jeden Tag ein Milchbrötchengesicht im Spiegel sehen, so daß Sie immer ein glückliches Gesicht machen.

Unser „Philips Backbuch", das wir Ihnen beifügen, informiert Sie ausführlich über unser aktuelles Produktprogramm.

Wir hoffen, mit diesem Schreiben Ihrer Vorfreude entsprochen zu haben und wünschen Ihnen viel Spaß mit dem HS 190.

Mit freundlichen Grüßen

Philips GmbH
UB Elektro-Hausgeräte
Marketing Personal Care

Ralf Meyer

i.A. Ralf Meyer

Anlage

Göttingen, den 19.2.1996

Absender:
Volker Losch - An der Tränke 10 - **D**-37079 Göttingen

An
Tierklinik
Geiststraße

**D- 37073 Geiststraße**

Sehr geehrte Damen und Herren,

seit einiger Zeit haben wir ein Problem mit unserer Kuckucksuhr, bzw. mit dem dort beherbergten und arbeitenden Kuckuck. Er ist lustlos, launisch und nimmt seine halbstündlichen Pflichten nicht mehr ernst. Wir haben schon versucht, unseren uhrigen Vogelfreund zum Tierarzt zu bringen, allerdings scheint er unseren Plan immer rechtzeitig erahnt zu haben, so daß er sich immer so lange in seiner Uhr verkroch, bis unsere Vogelfängergeduld schließlich zu Ende ging.

Was raten Sie mir? Wir haben schon alles Menschenmögliche versucht, sogar gesungen haben wir für ihn: "Kuckuck, Kuckuck, ruft's aus dem Wald. Lasset uns springen, tanzen und singen, Kuckuck, Kuckuck, ruft's aus dem Wald!" Aber das hölzerne Fenster öffnete sich dann nur ganz, ganz langsam, und ein sehr gelangweilter, trotziger Vogel schaute uns überheblich an, so als wollte er fragen: "Was wollt ihr eigentlich von mir?" - um dann aber kurz darauf wieder ins Dunkle seines Häuschens zu verschwinden. Auch die ständig rotierende CD "Vogelstimmen aus deutschen Wäldern" konnte unseren Kuckuck nicht erweichen, so daß er weiter seinen Dienst boykottierte. Selbst das beste Futter, zur vollen Stunde direkt unter seinem Fenster plaziert, konnte ihn nicht locken. Dann ersetzte ich sogar die beiden schweren Tannenzapfen an den Ketten durch leichtere Holzklötzchen, um unserem Kuckuck die anstrengenden Hebearbeiten zu ersparen - doch auch diese Mühe war vergeblich: Er blieb weiterhin unseren Blicken verborgen.

Eines Tages erzählte uns ein Freund, dem wir von unserem Kuckucksproblem berichteten, daß unser Vogel nicht der einzige in unserer Umgebung ist, der die Arbeit verweigern würde. Angeblich sollen sich die Kuckucke aller Kuckucksuhren verbündet haben, mit dem Ziel, keinem Menschen jemals wieder die Zeit zuzurufen. Die verbotene Vereinigung soll sich Kuckucksclan nennen, und ihr Erkennungszeichen ist eine spitze Gesichtsmaske aus weißem Tuch, das lediglich zwei kleine Öffnungen für die Augen bietet. Und tatsächlich habe ich vorgestern eine solche Mütze am großen Zeiger unserer Uhr entdecken können, die unser Vogel wohl kurzzeitig zum Lüften rausgehängt hat.

Und nun frage ich Sie: Haben Sie schon Erfahrungen mit dieser beinah terroristischen Vereinigung der Kuckucke machen können? Wie reagiert man als Besitzers eines solchen Vogels auf ein derartiges Benehmen? Wir wissen uns jedenfalls keinen Rat mehr, wollen unserem Kuckuck aber unbedingt helfen. Deshalb verbleibe ich voller Vorfreude auf Ihren tiermedizinischen Rat und bedanke mich schon jetzt für Ihre Bemühungen.

Mit freundlichen Grüßen

# TIERÄRZTLICHES INSTITUT
der Georg-August-Universität Göttingen

Postanschrift: Tierärztliches Institut · Geiststraße 7 · D-37073 Göttingen


Herrn
Volker Losch
An der Tränke 10
37079 Göttingen


☐ Sekretariat ☎ 0551/39-3382
☒ Kleintierklinik ☎ 0551/39-3387
☐ Vogelklinik ☎ 0551/39-3391
☐ Geflügelabteilung ☎ 0551/39-3391
☐ Veterinäruntersuchungslabor ☎ 0551/39-3386
FAX 0551/39-3382


Datum 20.02.1996

Sehr geehrter Herr Losch,

aus der prompten Beantwortung Ihres Briefes können Sie erahnen, welch großes Interesse Ihr Problem nicht nur bei mir, sondern auch im Kollegenkreis im Institut, erzeugt hat. Nach zum Teil sehr kontroversen Diskussionen vermag ich zumindest ein paar Anregungen zu geben, wie Sie dem Problem mit ihrem Kuckuck Herr werden können.

Wir können uns gut vorstellen, daß die Verhaltensänderung bei ihrem Kuckuck auf globale Veränderungen im Verhältnis Tier-Mensch zurückzuführen sind, auch ist die Bildung einer terroristischen Vereinigung (Sie nennen sie Kuckkucksklan) möglich.

Der Kuckuck als solches ist von seinem Wesen eher als aggressiv einzuschätzen, nistet er sich, bzw. seine Nachkommen doch sehr gerne in fremde Gefilde ein, dort angekommen neigen die Nestlinge schon sehr schnell zum Kindsmord an ihren Stiefgeschwistern. Auch in der Mythologie findet sich der Kuckuck eher auf der Seite der Bösen wieder. Letztlich wird auch im deutschen Volksgut darauf verwiesen, daß es Kuckuck Kuckuck aus dem Wald ruft und wissen wir nicht alle, daß zu früheren Zeiten gerade die großen Gefahren für die Menschen (marodierende Banden, Fabelwesen etc.) aus den Wäldern kamen, dies alles sind unserer Meinung nach Hinweise, die die Gestalt des Kuckucks nicht ungefährlich erscheinen lassen.

Nach intensiver Beratung kommen wir zu dem Schluß Ihnen zu empfehlen ihrem Kuckuck ein Weibchen zukommen zulassen, denn sind es nicht die Frauen die in unserer Geschichte immer wieder die Wogen des Krieges geglättet haben, sie sind es auch die ein ausgeprägtes Harmoniebewußtsein ~~haben~~ besitzen. Wir glauben nicht, daß ihr Kuckuck in der Lage sein wird ein weiblichen Kuckuck zu überreden auch an terroristischen Umtrieben teilzunehmen, dafür ist der Einfluß des männlichen Geschlechtes auf das Weibliche von je her zu gering gewesen. Wir hoffen, daß wir Ihnen mit unseren Theorien und Ratschlägen ein wenig behilflich sein konnten und würden uns freuen einmal mehr über den weiteren Verlauf zu erfahren

Mit freundlichen Grüßen
Dr. Neumann
(Dr. Stephan Neumann)

Göttingen, den 12.5.1995

Absender:
V. Losch - An der Tränke 10 - 37079 Göttingen

An
Robert KRUPS GmbH & Co KG
Postfach 19 04 60

**D-42704 Solingen**

Sehr geehrte Damen und Herren,

schon seit langer Zeit nutzen wir Ihre breite Angebotspalette an elektrischen Küchenhilfen, da diese uns von der Bedienbarkeit und der technischen Ausgereiftheit bisher immer zu überzeugen wußten. Ob es nun Ihr Stabmixer, der Krups Allesschneider, der Feinzerkleinerer "Speedy" oder auch Ihr neuestes Kaffeemaschinenmodell mit dem unglaublichen Tropfring handelt, alle Ihre Produkte sind mir im Haushalt stets eine große Hilfe, ohne die ich mir die Arbeit in der Küche kaum mehr vorzustellen vermag.

Da Ihre letzte Entwicklung des Tropfringes an der Kaffeemaschine deutlich zeigt, daß Sie ständig bemüht sind, Innovationen auf dem Sektor der Haushaltsgeräte darzubieten, setze ich mich heute mit Ihnen in Verbindung, in der Hoffnung, eine Lösung meiner speziellen Problematik zu erhalten: Und zwar möchte ich mich genau auf den so genialen Tropfring der in Ihrem Werbespot vorgestellten Kaffeekanne beziehen. Auch ich erwarb vor kurzem dieses Modell und mußte feststellen, daß sich Ihre Versprechungen zu meiner vollsten Zufriedenheit erfüllten: Kein Tropfen mehr und keine Flecken auf der Kanne oder Tischdecke. Deshalb werde ich Ihnen nun ein etwas peinliches Problem darstellen, von welchem ich glaube, das es von Ihrem Patent gelöst werden könnte. Ich bin verheiratet mit einem sehr netten Mann und habe mit ihm zwei Söhne, so daß Sie sich vorstellen können, daß es für eine Frau nicht immer einfach ist, sich unter drei Männern zu behaupten. Und das beginnt schon bei dem täglichen "kleinen" Geschäft: es ist mir bisher nicht möglich gewesen, meine Männer davon zu überzeugen, daß es hygienischer ist, ihr kleines Toilettengeschäft im Sitzen durchzuführen. Und an wem die Reinigung des stillen Örtchens hängenbleibt, können Sie sich wohl vorstellen. Aber nein, kein Reden hilft, alle drei stehen voller Solz vor dem Pissoir und versuchen, den Schaden durch geschicktes Zielen so gering wie möglich zu halten. Sicher kennen Sie aber auch den Spruch

"Da hilft kein Schütteln und kein Klopfen,
in die Hose geht der letzte Tropfen!"

Ich kann dazu nur aus Erfahrung berichten: Wenn er nicht in die Hose geht, dann aber ganz sicher auf die Toilettenbrille! Deshalb nun meine Bitte: Ist es Ihnen nicht möglich, meine sturen Männer mit einem tropfringähnlichen Hilfsgerät auszustatten, das es ihnen ermöglicht, ihr kleines Geschäft zwar männlich, aber immer noch hygienisch zu erledigen? Vielleicht müßte man eine Gummimanschette für den Tropfring entwickeln, damit er sich auch um alle Größen des männlichen Geschlechtsteiles schließt. Natürlich möchte ich Ihnen keine Vorschriften für die weiteren technischen Feinheiten geben, darin haben Sie sicherlich mehr Erfahrung als ich; trotzdem hoffe ich, daß Sie meiner Idee eine große Beachtung schenken, da es mit Sicherheit noch Millionen andere Hausfrauen gibt, die mit ähnlichen Problemen zu kämpfen haben. Und all diesen Frauen könnte doch auf so einfache Weise geholfen werden. Ich wäre Ihnen sehr dankbar, wenn Sie mir in Bälde Ihre Meinung über das Projekt, welches sicherlich einen sehr großen Markt öffnen würde, mitteilen könnten.

Deshalb bedanke ich mich schon jetzt für Ihre Bemühungen und verbleibe in freudiger Erwartung auf Ihre Antwort.

Mit freundlichen Grüßen

KRUPS

Robert Krups GmbH & Co. KG, Postfach 19 04 60, D-42704 Solingen

Familie
Volker Losch
An der Tränke 10

37079 Göttingen

Robert Krups GmbH & Co. KG
Heresbachstraße 29
D-42719 Solingen

Telefon (02 12) 387-1
Telefax (02 12) 387-555
Telex 8 51 48 17 rks d

bbn 40 02 1324

| Ihre Zeichen | Ihre Nachricht vom | Durchwahl | Unsere Zeichen | Datum |
|---|---|---|---|---|
| | | 387-406 | kk-dz-ze | 17. August 95 |

Sehr geehrte Frau Losch,

vielen Dank für Ihren Brief vom 21.07.95. Den Eingang des vorangegangenen Briefes konnten wir leider nicht feststellen.

Ganz besonders danken wir Ihnen für das Vertrauen, das Sie der Marke Krups wohl schon sehr lange entgegenbringen. Ihre Idee bzgl. "Tropf-Stop" hat hier schon einiges Kopfzerbrechen verursacht, deshalb entschuldigen Sie bitte die relativ späte Antwort.

Ihre Idee ist grundsätzlich hervorragend. Sicherlich würde ein entsprechendes Gerät bei der überwiegenden Zahl der Hausfrauen große Begeisterung auslösen. Ein Markt dürfte also vorhanden sein. Wir sind Hersteller von Haushaltsgeräten, in erster Linie für die Zubereitung von Nahrungsmitteln, also für das, was der Mensch zu sich nimmt. Nun fragen wir uns natürlich, ob wir unsere Angebotspalette auch auf die Entsorgung der im menschlichen Körper verarbeiteten Lebensmittel ausdehnen sollten. Im Moment tendieren wir eher zu der Meinung, dieses Feld dem Sanitärmarkt zu überlassen. Bitte seinen Sie nicht enttäuscht.

Nochmals vielen Dank für Ihren fröhlichen Brief. Wir legen eine kleine Aufmerksamkeit zu diesem Brief.

Mit freundlichen Grüßen

Karl-Heinz Dietz
Leiter Kundenbetreuung

Anlage
1 Auffanggefäß

Göttingen, den 26.6.1995

Absender:
Volker Losch - An der Tränke 10 - 37079 Göttingen

An
HERBST Förder- und Hebetechnik GmbH
Postfach 2425

**D- 38014 Braunschweig**

Sehr geehrte Damen und Herren,

heute wende ich mich an Ihr Unternehmen, da Sie meiner Meinung nach die einzigen Spezialisten in der Branche sind, die mir helfen könnten. Ich lebe in einer sehr kleinen 1-Zimmer-Wohnung mit 17 $m^2$, so daß Sie sich meine heimische, gemütliche Enge und Überschaubarkeit gut vorstellen können. Daraus können Sie auch sicher folgern, daß in meiner Wohnung der absolute Platzmangel herrscht und ich gezwungen bin, ein gutes System bezüglich der Verstauung von Haushaltsgegenständen und Material des täglichen Bedarfes zu schaffen. Dieses ist mir auch in jeglicher Hinsicht gelungen: So baute ich meinen Schreibttischstuhl zu einem Bierkastenhalter um, in dem zwei Getränkekisten optimal unterkommen und auch für die Stabilität des Sitzmöbels sorgen. Meine Bücher bilden das Bettuntergestell, das Bett ist gleichzeitig Sitzgelegenheit für Gäste und so weiter. Habe ich bis jetzt alle Probleme des Platzmangels alleine lösen können, benötige ich bei einem nervenaufreibenden Erschwernis dringendst Ihre Hilfe: Mein Besteck in der Schublade des Küchenunterschrankes nimmt noch viel zu viel Platz in Anspruch, denn meine Messer, Löffel und Gabeln haben einen ausgeprägt dicken, runden Griff und lassen sich sehr schlecht stapeln. Deshalb möchte ich Sie heute bitten, mir bei dem Problem des Gabelstapelns behilflich zu sein, da ich in den Gelben Seiten Göttingens auf Ihre Leistungen aufmerksam gemacht wurde: dort bieten Sie ein Gabelstapler-Komplettprogramm an, was für meine Zwecke wohl sehr interessant sein könnte. Was genau habe ich unter Ihrem Komplettprogramm zu verstehen? Was meinen Sie als Fachleute zu meinem Problem? Gibt es vielleicht noch eine andere Möglichkeit als den Einsatz eines professionellen Gabelstaplers?

Ich wäre Ihnen sehr dankbar, wenn Sie sich mit Lösungen meiner Sorgen und Schwierigkeiten befassen und mir Ihre Ergebnisse dann schriftlich zukommen lassen könnten. Voller Hoffnung auf mehr Platz in meiner Wohnküche blicke ich Ihrem Antwortschreiben entgegen und bedanke mich schon jetzt für Ihre Bemühungen.

Mit freundlichen und haushochgestapelten Grüßen

**HERBST** Förder- und Hebetechnik GmbH
Braunschweig
Magdeburg
Materialflußplanung · Konstruktion · Verkauf · Miete · Leasing
Reparaturen · Wartungen · UVV-Prüfungen · Ersatzteile

HERBST Förder- und Hebetechnik GmbH · Postfach 24 25 · 38014 Braunschweig

Gabelstapler-Komplettprogramm
Konstruktionsbüro
und Sondermaschinenbau

HERBST GABELSTAPLER
direkt an der A2 Braunschweig

Herrn
Volker Losch
An der Tränke 10

37079 Göttingen

| Ihre Zeichen | Ihre Nachricht vom | Unser Zeichen | Datum | UST-IDNR. DE 114821183 |
|---|---|---|---|---|
| | | S. Herbst/Ga | 28.6.1995 | |

Unterstützung Ihrer innovativen Fortentwicklung

Sehr geehrter Herr Losch,

Ihre innovativen Darstellungen können wir nur bewundern, natürlich können wir Sie bei der Lösung unterstützen.

Statt "Gabelnstapeln" schlagen wir vor, Ihre Bestecke, wie Gabel und Messer, gegen Stäbchen (diese werden in China und Japan zum Essen verwendet) in Zahlung zu geben. Hierzu fragen Sie im Gabelfachhandel an. Weiterhin empfehlen wir Ihnen folgende Maßnahmen bei einer Wohnfläche von 17 qm:

Es ergibt sich nach unserer Rechnung eine Wandfläche von 40 qm, hier sollte die Lösung gesucht werden. Suchen Sie an dieser eine freie Fläche von ca. 5 x 5 cm. Da es Ihnen unmöglich ist, in einer kleinen Wohnung eine Bohrmaschine unterzubringen, empfehlen wir Ihnen, eine solche zu leihen. Es sollte eine Schlagbohrmaschine mit einem Widiabohrer von 5 mm sein. Bohren Sie nun nach vorhergehender Schablonenherstellung in dieses symmetrische Viereck 20 Löcher, dort hinein können Sie dann die Stäbchen stekken. Falls Sie mit einer Bohrmaschine nicht umgehen können, bitten Sie einen Ihrer Freunde die Arbeiten auszuführen.

-2-

Postfach 24 25
38014 Braunschweig
Grotrian-Steinweg-Straße 4
38112 Braunschweig/Industriegebiet Veltenhof

Telefon
(05 31) 3 15 66
Telefax
(05 31) 3 15 76

Norddeutsche Landesbank Braunschweig
(BLZ 250 500 00) 2 303 113
Commerzbank AG Braunschweig
(BLZ 270 400 80) 5 140 520

Amtsgericht Braunschweig
HRB 2251
Geschäftsführer:
Siegfried G. Herbst

HFH

HERBST Förder- und Hebetechnik GmbH

Materialflußplanung · Konstruktion · Verkauf · Miete · Leasing

Blatt 2 zum Schreiben vom 28.06.1995 an

Wir hoffen, Ihnen bei der Lösung Ihrer Probleme geholfen zu haben und verbleiben

mit freundlichen Grüßen

Herbst Förder- und Hebetechnik

S. Herbst
Geschäftsführer -

Es folgt ein

## Nachwort,

welches unbedingt gelesen werden sollte
– schließlich sind diese Zeilen im Buchpreis enthalten.

Natürlich fallen Dir, o geneigter Leser, noch viele weitere Fernsehwerbungen ein, die förmlich nach einer wörtlichen Nehmung schreien. Das Problem aber ist, daß der Kreis der via Fernsehröhre Werbenden ein ganz kleiner ist. Zum Beweise lege nun, o geneigter Leser, eine besinnliche Konsum- und Markenartikelgedenkminute ein und lasse vor Deinem geistigen und dem an Privatsender gewöhnten Auge eine dieser entzückenden, völlig unstörenden Werbepausen ablaufen.

Nun ordne diesen erinnerungswürdigen Spots quasi mengenlehrengleich z. B. den Namen des Unternehmens „Kraft Jacobs Suchard“ zu. Ohne Schwierigkeiten wirst Du zu jedem Namensdrittel mehrere Produkte nennen können, die allesamt in jener geistigen Werbepause himmelhochjauchzend angepriesen wurden: Nudelgerichte, Majonaise, Ketchup, Kaffee, Schokolade usw.

Des weiteren entstammt der größte Teil der fernsehgerecht kredenzten Tiermenüs plus Petersiliensträuß für Hund, Katz und Vogel einzig und allein aus dem Hause „Effem“, wobei dort neben dieser unbedingt notwendigen Luxustierkost sogar ein geruchaufsaugendes Katzenstreu und der 'sichere grüne Daumen' zu erwerben sind.

Neben dem Großunternehmen „Henkel“ – spezialisiert auf alle Arten von Reinigungsmitteln – ist das Unternehmen „Procter & Gamble“ ein gutes Beispiel dafür, daß es nur eine Handvoll Firmen sind, die all die vielen kleinen Werbepausen wunderbar abwechslungsreich und köstlich kurzweilig gestalten. So liest sich die Produkpalette von „Procter & Gamble“ wie ein ausgedehnter Spaziergang durch die königliche Allee der so erstrebenswerten Markenartikel: Dittmeyer's Punica und Valensina, alle blend-a-med, blend-a-dent und blend-a-was-weiß-ich-was-Produkte, Cliff, Credo, Oil of Olaz, Clearasil, Head & Shoulders, Wick, Luvs, Pampers, Always, Ariel, Dash, Lenor, Vizir, Meister Proper, Fairy (um nur die bekanntesten Produkte zu nennen) und zusätzlich noch bestimmte Arzneimittel und Impfstoffe.

Viele Produkte, viele Werbespots, viele mögliche Postlabereien – aber nur ein Unternehmen und nur eine Adresse für den neugierig-naiven Verbraucher Volker.

Bedenkt man weiter, daß die meisten Unternehmen in ihrer Büro-Ablage die Adressen und Briefe der Anfragen eines Jahres ohne Probleme nachvollziehen können, kann man sich vorstellen, daß ein zweiter ironischer Brief des Herrn Losch aus Göttingen an eines dieser Unternehmen sehr schnell identifiziert und dem gar lustig postlabernden Gesellen zugeordnet wird. So lautet die erste einleitende Phrase des Antwortbriefes aus der Abteilung „Erwischt und Erkannt“ dann etwa so: „Sehr geehrter Herr Losch, wie wir aus unseren Unterlagen entnehmen können, sind Sie auch ein treuer Verwender unserer Produkte X, Y, und Z. Darüber freuen wir uns natürlich sehr…“

Demzufolge sind diese Produkte und Werbespots für den eifrigen Briefeschreiber im Gegensatz zu einigen Waschmitteln äußerst unergiebig, weil eine erneute, unbefangene Beantwortung sehr, sehr unwahrscheinlich ist – es sei denn, man gibt eine andere Adresse als Absender an.

Da für Dich, o geneigter Leser, die ironische Intention meiner Briefe schon aufgrund dieser Zusammenstellung in Buchform und dessen Konzeption eindeutig erscheint, ist es mir nun wichtig, auch jene Situation näher zu erläutern, in der sich der jeweilige Kundenberater nach Erhalt und während der Bearbeitung meiner Anfrage befindet. Für diesen ach so bedauernswerten Menschen ist es nämlich nicht ohne weiteres klar, mit welch' hinterhältiger, infamer und ruchloser Absicht der niederträchtige Absender die vorliegenden unüblichen Zeilen schrieb!

Die in diesem Buch aufgeführten Briefe sind Teil eines Textkorpus', der die Grundlage für eine Examensarbeit im Fach Deutsch mit dem Titel „Ironie und Witz. Sprachwissenschaftliche Untersuchung an Briefen" bildete. Dementsprechend war es zur Bearbeitung dieser Untersuchung wichtig, die Intentionen der Unternehmen zu kennen und somit die Gründe für ihre spezifische Reaktion auf meine ironischen Anfragen zu verstehen. Bei Unternehmen, die in ebenfalls lustiger Art und Weise antworteten, fällt es nicht schwer, das Motiv und die Absicht der verbraucherberatenden Zeilen zu erkennen: die Freude an Sprache und Witz und oft noch die Bemühungen, das eigene Unternehmen oder Produkt in einem werblich positiven Licht erscheinen zu lassen.

Doch warum scheinen manche Firmen nicht auf die Ironie der Anfrage zu reagieren? Konnte die witzige Intention meiner Briefe tatsächlich nicht identifiziert werden? Dies fragte ich mit einem erneuten Brief besonders jene Unternehmen, die auf eine ironische Anfrage in ernsthafter Weise reagiert hatten. Dabei stellte sich heraus, daß es die berufliche Situation ist, in welcher sich der Bearbeiter meiner Anfrage befindet, die seine Antwort entscheidend beeinflußt: Zum einen erlaubt das offizielle, bürokratische und rechtsverbindliche Ambiente eines Geschäftsbriefes – und als solche wurden auch meine Anfragen eingeordnet – kaum die Verwendung von Ironie oder Witz. Zum anderen ist das berufliche Umfeld des Kundenberaters dadurch geprägt, daß er die Interessen des Unternehmens ohne Bezug auf die eigene Person vertreten muß. Oft ist die Arbeitsweise der Verbraucherberatung sogar konkret von der Geschäftsleitung vorgeschrieben!

Ein Zitat aus einer Antwort auf meinem Brief, in dem ich nach den Gründen für die ernsthafte Reaktion eines Unternehmens auf meinen ironischen Brief fragte, verdeutlicht diese Situation: „Die auf diesem Gebiet tätigen Mitarbeiter haben die generelle Anweisung, den *sachlichen* Inhalt einer Reklamation zu erkennen und darauf zu reagieren. Genau so ist auch verfahren worden. Die *Form* eines Briefes und sein sonstiger Inhalt werden für die Verfolgung von berechtigten Reklamationen nicht bewertet. Deshalb ist die offensichtliche Ironie Ihres Schreibens zwar erkannt, aber darauf nicht reagiert worden."

So ist es dem Kundenberater schon im Vorfeld nicht möglich, in lustiger Weise auch auf eine überdeutlich ironische Anfrage angemessen oder mit feinem Spott zu reagieren. Und zwangsläufig erscheinen deshalb einige Firmen in diesem Buch oberflächlich betrachtet als echt humorlos oder ironische Spätzünder.

Daß dies aber nicht immer zutreffen muß, möchte ich hier mit dieser Darstellung am Ende des Buches ausdrücklich betonen. Sogar die Tresorfirma, die nach meiner Anfrage sofort die Polizei einschaltete (Vgl. Seite 78f. dieses Buches), begründete diese mehr als ernsthafte Reaktion mit folgendem Wortlaut:

„Ihr Erstschreiben hat in unserem Haus große Belustigung ausgelöst, trotzdem betrachte ich es als unsere Pflicht unseren Kunden gegenüber, Anliegen dieser Art durch die Kriminalpolizei prüfen zu lassen. Mit dieser Weitergabe sind wir unserer Verpflichtung und Verantwortung als führender Sicherheits-Fachbetrieb gerecht geworden."

Wie glaubwürdig eine solche Mitteilung ist, die nach eindeutiger Klärung der genauen Situation gemacht wurde, steht natürlich auf einem anderem Blatt. Der meine Anfrage bearbeitende Kriminalbeamte fällte während unseres netten und lustigen 'Verhöres' hinsichtlich der Reaktion des Tresorbetriebes ein wahrhaft salomonisches Urteil: „Der Bereich Tresore ist natürlich sensibler als z. B. Maggi-Suppen!"

Um die Situation eines Kundenberaters weiter zu erläutern, ist noch zu beachten, daß meine Person als Absender eines Briefes dem Unternehmen nicht bekannt ist. Demnach erschwert sich auch eine Einschätzung, ob dieser fürchterlich fremde Absender seinen Inhalt ernst meint oder lediglich einen psychopathischen Möchtegernhumoristen verkörpert.

Hinzu kommt, daß es den Firmen nicht möglich war, mein postlaberndes Anliegen telefonisch näher zu besprechen und etwaige Ungereimtheiten aufzuklären, denn der Telefonanschluß läuft über den Namen meiner lieben Obhüterin und herzallerliebsten Freundin Goosi und ist demnach auch nicht über die auskünftige 01188 zu erfragen. Erst bei meiner zweiten Nachfrage gab ich meine Telefonnummer an, so daß während einiger Telefongespräche mit Verbraucherberatungen nicht nur die Problematik meines telefonischen Inkognitos erörtert werden konnte, sondern auch Erfahrungen aus dem weiten Feld der Kundenberatung berichtet wurden: So erhalten große Unternehmen täglich eine Flut von Kundenbriefen, darunter viele skurrile, lustige und komische Zuschriften. Diese jedoch stellen sich nach genauerer, meist telefonischer Recherche fast immer als ernsthafte Anfragen dar! Dementsprechend wäre der Kunde durch eine ironische oder witzige Beantwortung von seiten des Unternehmens möglicherweise verletzt oder beleidigt worden – was natürlich eindeutig gegen die hehren Prinzipien des Kundenservices verstößt.

Eventuell hatte der jeweilige Kundenberater zu dem Zeitpunkt, als meine Anfrage auf seinen übervollen Schreibtisch trudelte, nur einfach mal einen ganz schlechten Tag, Streit mit seiner besseren Hälfte, einen Rüffel seines besserwissenden Vorgesetzten über sich ergehen lassen müssen oder einfach nur hundsmiserabel geschlafen, so daß ihm auch gar nicht der Sinn nach der Beantwortung eines offensichtlich lustig gemeinten Brief stand. Anbetracht derartig widriger Umstände bearbeitete dieser bemitleidenswerte Bürogestreßte meine Zeilen entweder nur kurz und pflichtgemäß oder ließ sie sogar in die große, dankbar aufnehmende Ablage „Papierkorb" wandern.

Die Briefe aber, die zum Glück nicht dem Altpapier zugeführt wurden, sondern hier in diesem Buch mit der dazugehörigen Antwort abgedruckt sind, haben allesamt eine zweite Anfrage meinerseits nachfolgen lassen: Denn bevor die unterschiedlichen Reaktionen der Unternehmen auf meine Briefe veröffentlicht werden konnten, benötigte ich eine schriftliche

Einverständniserklärung der zuständigen Geschäftsleitung. Das heißt also, daß zum einen alle hier veröffentlichten Antworten mit der offiziellen Genehmigung der Absender abgesegnet sind, und daß zum anderen eine Vielzahl von köstlichen Briefwechseln nicht Einzug in dieses Buch halten konnte, da mir diese Erlaubnis nicht erteilt wurde.

Verständlich ist dieses Verbot, das teilsweise per Einschreiben und unter Androhung rechtlicher Schritte ausgesprochen wurde, durchaus bei Antworten von Firmen, die das Unternehmen in einem ungünstigem Licht erscheinen lassen könnten oder deren Seriosität vermeintlich untergraben. Da wäre zum Beispiel ein Arzt für Angiologie zu nennen, der die von mir geschilderte Gefäßkrankheit meiner Blumentöpfe, die allesamt und seltsamerweis' ein kreisrundes Loch in ihrem Boden aufweisen, telefonisch näher mit mir besprechen wollte. Oder auch eine medizinische Abteilung eines Krankenhauses für Haut- und Geschlechtskrankheiten, die meinen sonntäglichen Muskelkater unter der Bezeichnung Geh-schlecht-Krankheit persönlich vorgeführt haben wollte, sobald sich die Symptome akut zeigen.

Während diese sehr zurückhaltende Freude über eine Veröffentlichung der Briefe durchaus einzusehen ist, versagten mir eigenartigerweise auch einige Firmen die Erlaubnis zur Veröffentlichung ihrer Antwort, wenn diese ausgesprochen lustig, nett oder ebenfalls ironisch war. Begründet wurde diese Entscheidung mit der allgemein üblichen Privatsphäre der brieflichen Kommunikation, mit dem schon angesprochenen Verlust der Seriosität oder mit der Angst vor Folgebriefen gleichgesinnter 'Witzbolde', die diese Veröffentlichung nach sich ziehen könnte.

Hoffentlich konnten diese nachwortigen Zeilen ein wenig Verständnis für alle Reaktionen der Unternehmen erzeugen, so daß jene Zuschriften, die meine Anfrage in ernsthafter Manier beantworteten, durch situative Bedingungen begründbar und damit für Dich, o geneigter Leser, einsehbar sind. Darüber hinaus sollst Du, geneigter Leser, auch jene ironischen und lustigen Antwortbriefe als ein Ergebnis echten Mehraufwandes – statt Formbrief – durch den Kundenberater zu würdigen wissen, weil sie als kleiner riskanter Schritt hinsichtlich der primär kundenfreundlichen Öffentlichkeitsarbeit eines Unternehmens zu bewerten sind.



Volker Losch, Göttingen, den 1. Juli 1996

# Der Autor

Volker Losch wurde 1968 in Versmold geboren. Nach dem Abitur und einem 15-monatigen Campingurlaub mit grüngekleideten Gleichgesinnten nahm er Einblick in die wundervolle Welt der chemischen Ausdünstungen. In Göttingen tauschte er den löchrigen Laborkittel mit Landkarte, Wanderstiefeln und den geistigen Ergüssen deutscher Dichter und Denker; seine so erworbenen Fähigkeiten in den Fächern Deutsch und Erdkunde wird er demnächst am lebenden Schülermodell anwenden.